WORTSCHATZ ERWEITERN

UND

AUSDRUCKSWEISE

VERBESSERN

KONVERSATIONSSTRATEGIEN

Die Goldenen Regeln der Rhetorik für eine Effektive Kommunikation, um alle Arten von Gesprächen zu Meistern und das Selbstvertrauen zu Stärken.

James Path

BRADBURY
Bestsellers

"Viele können sich streiten, wenige sich unterhalten"

Amos Bronson Alcott

BRADBURY

Bestsellers

BRADBURY
Bestsellers

Bibliographische Referenzen

James Path ist ein Autor, Beobachter und Geschichtenerzähler. Er hilft Unternehmen und Persönlichkeiten, ihre Geschichten zu erzählen. Mit einer einzigartigen Leidenschaft für Psychologie und menschliche Wahrnehmung bringt James Path seine offene und innovative Persönlichkeit in die Welt der Kommunikation ein und arbeitet in den Bereichen Unternehmensstrategie, Wahrnehmungsmanagement sowie Marken- und Selbstdarstellung.

James ist sich der Auswirkungen bewusst, die eine bestimmte Art der Kommunikation auf andere Menschen, aber auch und vor allem auf uns selbst hat:

Psychologie und die Kunst der Kommunikation haben mich schon immer fasziniert, aber erst ihre Anwendung, um anderen zu helfen, gibt mir das Gefühl, im Leben wirklich lebendig und erfüllt zu sein.

BRADBURY
Bestsellers

INHALTSVERZEICHNIS

EINFÜHRUNG

Die sozialen Kompetenzen sind besondere Fähigkeiten, die wir brauchen, um zu interagieren und zu kommunizieren, sowohl verbal als auch nonverbal, durch Körpersprache, Gesten und unser Aussehen.

Der Mensch ist ein soziales Wesen, das verschiedene Methoden entwickelt hat, um anderen Botschaften, Gefühle und Gedanken mitzuteilen.

Was wir anderen sagen, wird durch unsere verbale Sprache - die Lautstärke und den Ton unserer Stimme, die Wortwahl - und durch subtilere Botschaften wie Gesten, Körpersprache und andere nonverbale Kommunikationsmethoden beeinflusst.

Die Entwicklung sozialer Kompetenzen bedeutet, sich bewusst zu machen, wie wir mit anderen kommunizieren, welche Botschaften wir vermitteln und wie Kommunikationsmethoden verändert werden können, um die Kommunikation effizienter und effektiver zu gestalten.

Da einige Menschen über bessere Kommunikationsfähigkeiten verfügen, haben sich die Forscher in ihren Studien auf die Analyse der Art und des Zwecks der zwischenmenschlichen Interaktion konzentriert.

KAPITEL 1

KOMMUNIKATION

Der Begriff "Kommunikation" leitet sich vom lateinischen Wort "communicare" ab, was so viel bedeutet wie "geben, verbreiten, gemeinsam machen".

Heute können wir Kommunikation als ein natürliches menschliches Verhalten definieren, das die Übertragung und den Austausch von Bedeutungen, d. h. von Informationen, Ideen, Meinungen, Gefühlen und Einstellungen, in schriftlicher oder mündlicher Form, durch Körpersprache oder Zeichen beinhaltet.

In der heutigen vernetzten Welt ist die Kommunikation schnell und überwindet Hindernisse und Grenzen, einschließlich der Interaktion mit Menschen aus verschiedenen Ländern und Kulturen. Durch die Kommunikation wird die "Globalisierung" also Realität.

In seinem 1989 erschienenen Buch "Communication as Culture" beschreibt der Kritiker und Wissenschaftler auf dem Gebiet der Massenmedien und der Kommunikationstheorie, James Carey, das Phänomen als "einen symbolischen Prozess, durch den die Realität erzeugt, aufrechterhalten, repariert und verändert wird", wobei er argumentiert, dass die Realität durch den Austausch von Erfahrungen mit anderen Personen konstruiert wird.Alle Lebewesen auf unserem Planeten haben Wege gefunden, um miteinander zu kommunizieren. Der Mensch unterscheidet sich jedoch von anderen Tieren durch seine

Fähigkeit, genaue Bedeutungen durch Worte und Sprache zu vermitteln.

Die Kommunikation kann von Angesicht zu Angesicht oder in einer Gruppe stattfinden, von Angesicht zu Angesicht oder durch den Einsatz von Technologie.

Der Sender, d. h. die Person, die die Interaktion einleitet, übermittelt eine Nachricht an den Empfänger, d. h. die Person, die die Information erhält und die sie dann entschlüsseln und verstehen muss.

Oberflächlich betrachtet scheint dies ein einfacher Prozess zu sein, aber in Wirklichkeit birgt er mehrere Fallstricke.

Für eine wirksame Kommunikation ist es unerlässlich, eine gemeinsame Sprache zu haben und sich der Existenz gemeinsamer Konzepte bewusst zu sein.

Die Sprache besteht nämlich aus Symbolen und Zeichen, die für eine bestimmte Gesellschaft und Kultur spezifisch sind; das Fehlen dieser Elemente würde die Kommunikation erschweren, da der Empfänger die Botschaft des Senders falsch interpretieren könnte.

Im Folgenden finden Sie Beispiele, die die Bedeutung einer angemessenen Kommunikation in einem organisatorischen Kontext unterstreichen.

1. Organisatorisches Management: Die Führungskraft teilt ihren Mitarbeitern mit, welche Ziele die Organisation verfolgt, wie diese erreicht werden sollen und wie die Beziehungen zu den verschiedenen

Abteilungen des Unternehmens aussehen sollen. Der Austausch dieser Informationen ermöglicht die Zusammenarbeit.

2. Entscheidungsfindung: Eine effektive Kommunikation versorgt das Management mit den notwendigen Informationen, um datenbasierte Entscheidungen zu treffen. Die Kommunikation ermöglicht also eine korrekte Entscheidungsfindung.

3. Ruhige Atmosphäre und bessere Arbeitsmoral: Die Kommunikation in beide Richtungen fördert den Austausch von Ideen und Standpunkten und regt die Arbeitnehmer zur Zusammenarbeit und zum gegenseitigen Verständnis an.

Das Ergebnis ist ein ruhigeres Umfeld, in dem ein auf Wachstum und nicht auf Konflikt ausgerichteter Meinungsaustausch möglich ist. Dieser positive Einfluss findet nicht nur zwischen Kollegen statt, sondern auch in der Beziehung zwischen Vorgesetzten und Untergebenen: Eine wirksame Kommunikation ermöglicht es der Unternehmensleitung, die Mitarbeiter zu ermutigen, zu beeinflussen und zu belohnen, was die Arbeitsmoral und damit die Leistung der Mitarbeiter verbessert.

TIERKOMMUNIKATION

Obwohl Tiere nicht in der Lage sind, sich mit Hilfe einer ausgefeilten Sprache zu verständigen, können sie dennoch über verschiedene Arten der Kommunikation miteinander kommunizieren: visuell, auditiv, taktil und chemisch. Einige Arten bevorzugen eine Kommunikationsart gegenüber einer anderen, aber alle haben eine Möglichkeit, Zuneigung auszudrücken, Gefahr abzuwehren und einen Partner anzulocken.

1. Visuelle Kommunikation

Tiere kommunizieren visuell durch unverwechselbare Zeichen oder durch ihr Verhalten. Im ersten Fall sprechen wir zum Beispiel von der leuchtend gelben Farbe des männlichen Stieglitzes: Die leuchtenden Farben seines Gefieders signalisieren einer potenziellen Partnerin, dass das Männchen eine gute Partie ist. Im zweiten Fall hingegen beziehen wir uns auf Verhaltensweisen, die eine Bedeutung vermitteln, wie das Schwanzwedeln des Hundes, um Freude zu zeigen, oder das Leuchten des Glühwürmchens, um Botschaften sexueller Natur zu übermitteln.

2. Auditive Kommunikation

Beispiele für akustische Tierkommunikation sind Bellen, Knurren, Zischen und Schnurren. Geräusche haben verschiedene Funktionen: Sie können Partner anlocken, Gefahren abschrecken und Freude oder Kummer vermitteln.

Wenn sich ein Fremder nähert, bellen Hunde zum Beispiel. Oder rote Eichhörnchen schreien und kläffen, wenn sie die Anwesenheit von Fremden spüren. Delfine wiederum nutzen die auditive Kommunikation, um Nahrung aufzuspüren, Raubtiere zu meiden und den Abstand zwischen ihnen und Objekten in ihrem Weg zu erkennen.

3. Taktile Kommunikation

Wie Menschen können auch Tiere durch taktile Kommunikation miteinander kommunizieren. Die meisten Tiere nutzen diese Art der Kommunikation, um Zuneigung, Trost und Angst auszudrücken und um ihre Autorität zu behaupten. Pferde zum Beispiel treten sich gegenseitig, um Gefahren abzuwehren oder um eine Partnerin zu werben. Katzen reiben sich an ihren Müttern, um ihre Zuneigung zu zeigen, und einige Primaten drücken dasselbe Gefühl durch Kraulen aus.

4. Chemische Kommunikation

Einige Tiere verwenden Pheromone oder chemische Marker, um ihr Revier zu markieren, Raubtiere zu bekämpfen oder einen Partner anzulocken. Wenn sich beispielsweise Stinktiere bedroht fühlen, geben sie einen charakteristischen Geruch ab.

KAPITEL 2
DAS GESPRÄCH ZWISCHEN MENSCHEN: URSPRUNG UND ENTWICKLUNG

B is heute sind sich die Wissenschaftler nicht einig, wann genau die Menschen begannen, miteinander zu kommunizieren.

Nach Berichten des Science Museum in London kann der Beginn der Kommunikation zwischen den Menschen auf etwa 100.000 Jahre datiert werden; Untersuchungen der Migrationsmuster des Homo erectus zeigen jedoch, dass die Sprache bereits vor 1,75-1,9 Millionen Jahren entstand, als die ersten Stämme begannen, Informationen auszutauschen, um die Ozeane zu überqueren.

Darwin war der erste, der behauptete, dass die Entwicklung der Sprache mit der Fähigkeit zur Herstellung von Werkzeugen zusammenhängt, aber andere Wissenschaftler haben diese Theorie aufgrund fehlender empirischer Beweise verworfen.

Einer Studie der Universität Liverpool zufolge weisen Sprache und die Herstellung komplizierter Werkzeuge das gleiche Muster der Hirnaktivierung auf und bestätigen damit Darwins Hypothese.

Einige Anthropologen glauben, dass sich die Sprache allmählich entwickelt hat, angefangen mit Handbewegungen und Grunzlauten, bis hin zu einer komplizierteren Grammatik und der Verwendung ganzer

Sätze. Wann, warum und wie die Sprache entstanden ist, wird zweifellos noch jahrelang Gegenstand heftiger Auseinandersetzungen sein.

Es gibt jedoch überzeugende Belege für die Hypothese, dass Sprachkenntnisse durch stellvertretendes Lernen erworben werden, d. h. durch die Beobachtung anderer.

Zur Untermauerung dieser Idee stellen wir fest, dass Personen, die als Kinder keine sozialen Kontakte hatten, nicht oder nur eingeschränkt sprechen können.

Folglich kann man sagen, dass Sprache die Anwesenheit von zwei oder mehr Personen erfordert. Um es mit dem Sprichwort "Talking to a wall" zu sagen: Mit jemandem zu kommunizieren, der nur wenig zurückgibt, ist langweilig, undankbar und in der Regel Energieverschwendung.

Sogar positive Selbstgespräche sind im Allgemeinen effektiver und motivierender, wenn sie in der dritten Person "James kann es schaffen" und nicht in der ersten Person "Ich kann es schaffen" geführt werden.

Sprache und Konversation sind daher untrennbar miteinander verwoben. Um zu kommunizieren, haben wir die Sprache entwickelt, eine Technik der menschlichen Interaktion, die darin besteht, ein organisiertes System von Wörtern oder Zeichen zu verwenden.

DIE KUNST DER RHETORIK

Rhetorik ist die Kunst der Überredung. Jeder Schriftsteller muss die rhetorischen Grundsätze verstehen und anwenden können, um seine Leser zu überzeugen und zu beeinflussen, um sie für seine Ideen und Worte zu begeistern.

Die rhetorische Situation ist durch die folgenden Elemente gekennzeichnet:

1. Das rhetorische Ziel oder der Zweck des Textes (d. h. das Ziel, das der Autor zu erreichen versucht, oder das Thema, das er vorschlagen will).

2. Der Sprecher/Autor.

3. Das Zielpublikum.

Diese drei Aspekte der rhetorischen Situation sind ständig und dynamisch miteinander verwoben. Der Text kann nicht entstehen, wenn der Autor aus der Gleichung entfernt wird.

Wenn der Text wegfällt, haben sowohl der Leser als auch der Autor kein Mittel mehr, um ihre Gedanken mitzuteilen.

Nimmt man hingegen das Publikum aus der Betrachtung heraus, kann die Botschaft den Zweck des Schreibens nicht erreichen und bleibt Selbstzweck.

Die drei grundlegenden Aspekte der rhetorischen Situation werden üblicherweise als Dreieck dargestellt, bestehend aus Autor, Leser und

Text oder, im Fachjargon: "Kommunikator", "Publikum" und "Botschaft".

Weitere Bestandteile der rhetorischen Situation sind:

4. Der Kommunikationskanal.

5. Die Zeit, die für die Erstellung der Botschaft zur Verfügung steht (Wie viel Zeit hat der Verfasser? Wann ist der beste Zeitpunkt, um zu überzeugen?).

6. Politische, soziale oder kulturelle Variablen.

7. Das wahrgenommene Bedürfnis des Sprechers/Lesers, die Botschaft zu vermitteln.

RHETORISCHER APPELL

Schriftsteller müssen drei Arten von Beweisen oder rhetorischen Argumenten verwenden, um ihr Publikum zu überzeugen.

Es handelt sich um Pathos (emotionaler Appell), Ethos (ethischer Appell) und Logos (logischer Appell), die vom Charakter und der Glaubwürdigkeit des Autors abhängen.

Nach Aristoteles' "Rhetorik" müssen die drei Appelle in jeder überzeugenden Rede zusammen verwendet werden: eine Rede, die nur auf Logik oder nur auf Emotionen beruht, wird unwirksam sein. Ein weiteres Argument, das als 'kairos' bezeichnet wird, betrifft die kommunikative Dynamik der Botschaft, d. h. die Fähigkeit des Sprechers, sich an unvorhergesehene Umstände anzupassen und diese auszunutzen.

Die vier Einsprüche werden im Folgenden analysiert:

1. Pathos

In einer rhetorischen Argumentation wird Pathos als der Einsatz von Emotionen verstanden, um die Sichtweise einer anderen Person zu überzeugen.

In der Werbung wird diese Überzeugungstechnik häufig eingesetzt, wobei oft an negative Gefühle wie Wut oder Angst appelliert wird. Pathos wird in der Anti-Raucher-Werbung ausgiebig eingesetzt.

Eine der einprägsamsten Anzeigen zeigt einen älteren Mann, der von seinem Sofa aufsteht, um sein Enkelkind zu begrüßen, das die ersten Schritte auf seinen Großvater zugeht.

Als das Kind jedoch auf ihn zugeht, verschwindet der Großvater und ermutigt den Kleinen, weiterzugehen. "Ich wünschte, dein Großvater könnte dich jetzt sehen", flüstert die Mutter, als sie die Szene sieht.

Der Betrachter muss daraus schließen, dass der Großvater tot ist, während die Off-Stimme das Publikum davor warnt, dass Zigarettenrauch jedes Jahr so viele Menschen tötet, und mit den Worten "sei für die da, die du liebst" schließt.

Dieser Werbespot appelliert an die Emotionen des Zuschauers, indem er Bilder und Wörter mit starkem emotionale Wert (wie "Liebe") verwendet, um ihn zu ermutigen, mit dem Rauchen aufzuhören.

2. Ethos

Wenn Autoren, Schriftsteller und Vortragende vor ein Publikum treten, muss ihr Ethos glaubwürdig sein, um wirksam zu sein.

Wie würden Sie reagieren, wenn Ihr Professor am ersten Tag der Vorlesung in die Klasse käme, gebeugt und so, als hätte er die ganze Nacht durchgemacht und sich amüsiert?

Was eine Person trägt, die Worte, die sie benutzt, ihr Tonfall, ihre Erfahrung, ihre Beziehung zum Publikum, ihr verbales und nonverbales Verhalten sind alles Beispiele für Ethos.

Es ist ebenso wichtig zu wissen, wer den Inhalt präsentiert, wie es wichtig ist, zu wissen, was gesagt wird.

Viele Unternehmen, insbesondere diejenigen, die über die finanziellen Mittel verfügen, um bekannte Sprecher zu engagieren, können Prominente in ihren Werbekampagnen einsetzen, um den Verkauf ihrer Produkte zu fördern.

Einige Erfrischungsgetränkehersteller haben Berühmtheiten wie Ray Charles, Madonna und Britney Spears erfolgreich zur Werbung für ihre Produkte eingesetzt.

18

Sie müssen sich fragen: Welchen Wert bringen diese Prominenten abgesehen von ihrer Berühmtheit für das Produkt mit? Hängt ihre Beteiligung an der Werbekampagne nur von der Beziehung ab, die sie zur Öffentlichkeit haben?

Auch das Ethos ist beim Schreiben entscheidend. Das Zitieren eines Aufsatzes über Rassengleichheit, der vom Ku-Klux-Klan oder einer Neonazi-Organisation veröffentlicht wurde, lässt den Verdacht aufkommen, dass der Artikel von jemandem mit einer voreingenommenen Perspektive verfasst wurde.Die Untersuchung der Vergangenheit eines Autors ist hilfreich, um festzustellen, ob das, was er oder sie schreibt, objektiv ist.

Auch bestimmte sprachliche Merkmale können die Wahrnehmung des Ethos beeinflussen.

Wenn Sie ein formelles Projekt vorstellen, könnten Sie sich entscheiden, anspruchsvollere Begriffe oder unterschiedliche Stimmlagen für verschiedene Präsentationen zu verwenden, wobei Sie immer berücksichtigen sollten, was Sie vermitteln wollen.

3. Logos

Logos bedeutet die logische Attraktivität eines Arguments. Angenommen, Sie schreiben einen Artikel über COVID-19 und sagen etwas wie: "COVID-19 ist genau wie die Grippe. Wir sollten also die gleichen Vorsichtsmaßnahmen ergreifen". Diese Aussage ist absurd, weil das Virus, seine Eigenschaften und sein allgemeiner Zustand nicht dasselbe sind.

Influenza, sondern gehört auch zu einer anderen Virusfamilie (Coronavirus) als Influenzaviren wie H1N1; der Satz enthält daher eine unangemessene Analogie, die die Botschaft nicht überzeugend macht und wenig Überzeugungskraft hat.

4. Kairos

"Kairos" bedeutet "bester Moment" oder "perfekter Zeitpunkt" für die Kommunikation. Beim Kairos geht es vor allem um den Kontext des gegenwärtigen Augenblicks: Was ist für das Publikum zu einem bestimmten Zeitpunkt wichtig? Einige Rhetoriker betrachten Kairos als einen vierten "Appell", weil er als die Dringlichkeit eines bestimmten Zeitpunkts oder Moments verstanden werden kann, um ein Publikum anzusprechen.

Wie ein berühmtes Sprichwort sagt, ist Timing alles. Das Ziel der Rhetorik ist es, "zu jeder Zeit" oder "in jeder Situation" die beste Lösung zu finden, und zwar mit den verfügbaren Mitteln der Überzeugung.

KAPITEL 3
KÖRPERSPRACHE

Was ist mit "Körpersprache" gemeint? Sie ist eine Art der unausgesprochenen Kommunikation, die wir nutzen, um unsere wahren Gefühle zu zeigen und die Wirksamkeit unserer Botschaft zu verbessern.

Zur Kommunikation gehört viel mehr als nur Worte. Nonverbale Signale wie Tonfall, Gestik und Körperhaltung spielen eine wichtige Rolle.

Wenn Sie nonverbale Signale wahrnehmen können (z. B. Glück, das durch ein echtes Lächeln mit hochgezogenen Lippen und gerunzelten Augen ausgedrückt wird), können Sie die gesamte Botschaft entschlüsseln, die Ihnen jemand vermitteln will. Indem Sie auf diese Signale achten, werden Sie sich auch bewusster, wie andere auf das reagieren, was Sie sagen und tun, und können so Ihre Körpersprache ändern, um optimistischer, offener und interessierter zu wirken.

Wissenschaft der Körpersprache

Viele kennen die Statistik, dass nur 7 % einer Nachricht durch Worte übermittelt werden; die restlichen 93 % werden durch nonverbale Kommunikation ausgedrückt. Diese Statistik verdeutlicht, warum es so schwierig ist, die Emotionen anderer einzuschätzen, wenn wir unseren

Gesprächspartner nicht sehen können, weil wir über technische Mittel wie E-Mail oder Messaging-Anwendungen kommunizieren.

Mehrabian vertritt in seinem Kommunikationsmodell die Auffassung, dass die Körpersprache für den Austausch echter Gefühle wichtiger ist als der Tonfall und die Wahl der Worte. Man muss jedoch bedenken, dass der Autor seine Forschung ausschließlich auf die emotionale und einstellungsbasierte Kommunikation konzentriert hat, sodass es unzuverlässig ist, diese Ergebnisse zu verallgemeinern.

Wie man Körpersprache interpretiert

Die Beobachtung der Körpersprache von Menschen ermöglicht es, unausgesprochene Gefühle und Reaktionen zu erkennen.

Dies ist ein wichtiges Feedback, das aber leicht übersehen werden kann, wenn man nicht weiß, worauf man achten muss.

Beispiele für negative Körpersprache

Wenn jemand die unten aufgeführten negativen Verhaltensweisen an den Tag legt, ist er/sie wahrscheinlich abgelenkt, gleichgültig oder unzufrieden (siehe Abbildung 1):

- Verschränkte Arme.
- Starre oder minimale Mimik.
- Körper weg vom Lautsprecher.
- Niedrige Augen und eingeschränkter Blickkontakt.

Abbildung 1. Unzufriedene Person.

Versuchen Sie einmal, einen Ihrer Kollegen nach einem Streit mit einem Vorgesetzten oder nach dem Gespräch mit einem unzufriedenen Kunden zu beobachten.

Wahrscheinlich werden Sie diese Anzeichen erkennen können.

Wenn Sie diese Verhaltensweisen bemerken und ihre Bedeutung verstehen, kann es Ihnen helfen, zu ändern, was Sie sagen und wie Sie es sagen.

Sie könnten zum Beispiel Ihr Mitgefühl für das Unbehagen einer anderen Person ausdrücken, indem Sie sich klarer ausdrücken oder sorgfältig Worte wählen, um eine angespannte Situation zu beruhigen.

Tipp: Wenn Sie diese Anzeichen während eines Gesprächs bemerken, versuchen Sie, den Gesprächspartner zu beruhigen. Wenn das "schlechte Verhalten" aufhört, wissen Sie, dass er/sie bereit ist, sich mit Ihnen auseinanderzusetzen und auch eher zur Zusammenarbeit bereit ist.

Eine andere Art von Körpersprache kann signalisieren, dass das, was Sie sagen, jemanden langweilt.

Das kann während einer Präsentation, einer Teamsitzung oder einem persönlichen Gespräch passieren.

Im Folgenden sind einige der häufigsten Erscheinungsformen von Langeweile aufgeführt (siehe Abbildungen 2-5):

- Mit hängendem Kopf in einem Stuhl zusammensacken.
- Er blickt vom Sprecher weg und verliert sich im Raum.
- Sie spielen Spiele, glätten Kleidung oder fummeln an Stiften und Telefonen herum.
- Kritzeln oder schreiben.

Abbildung 2. Gelangweilte Person.   Abbildung 3: Betroffene
Person.

Abbildung 4: Gelangweilte Person.　　Abbildung 5: Interessierte
Person.

Tipp: Eine direkte Frage, eine Meinungsäußerung oder ein Vorschlag können Ihnen helfen, die Menschen wieder einzubinden.

Andere Verhaltensweisen, die auf eine negative Einstellung hindeuten, sind:

- Nägelkauen - ein Zeichen von Unsicherheit oder Angst.
- Kreuzen Sie Ihre Knöchel - als Symbol für beunruhigende Gedanken.
- Schnelles Blinzeln - könnte auf Beunruhigung oder Unruhe hindeuten.
- Fingerklopfen - ein Zeichen von Irritation oder Langeweile.
- Zappeln - ein weiteres Zeichen dafür, dass jemand gelangweilt oder besorgt ist.

Positive Emotionen wie Vertrauen, Neugier und Freude werden auch durch die Körpersprache vermittelt. Das Erkennen dieser Signale kann

Ihnen die Gewissheit geben, dass die Menschen Ihren Worten Aufmerksamkeit schenken und sich in ihrer Umgebung wohlfühlen.

Wenn Sie die Bedeutung dieser Handlungen kennen, können Sie sie auch dann simulieren, wenn sie nicht spontan auftauchen, um Ihre Aussagen zu untermauern, Konzepte besser zu vermitteln und verwirrende Botschaften zu vermeiden.

Im Folgenden finden Sie drei besondere Strategien, um die Vorteile der Körpersprache zu nutzen:

1. Mit Körpersprache einen positiven ersten Eindruck machen

Die nonverbale Kommunikation hat großen Einfluss auf den ersten Eindruck, den andere von Ihnen gewinnen.

Hier sind einige Tipps, wie Sie ehrlich, professionell, selbstbewusst und entspannt auftreten können:

- Behalten Sie eine offene und entspannte Haltung bei. Entspannen Sie sich, aber übertreiben Sie es nicht: Legen Sie Ihre Hände an die Seiten und sitzen oder stehen Sie mit geradem Rücken (siehe Abbildung 6).

  Die Hände auf den Hüften könnten Feindseligkeit oder den Wunsch, andere zu kontrollieren, vermitteln (siehe Abbildung 7).

6   7

Abbildung 6: Offene und entspannte Haltung.

Abbildung 7: Feindselige und dominante Haltung.

- Schütteln Sie fest die Hand. Achten Sie aber darauf, dass Sie es nicht übertreiben, damit sich die andere Person nicht verletzt oder unwohl fühlt.
- Halten Sie guten Augenkontakt. Das zeigt Ihre Aufrichtigkeit und Ihr Engagement. Aber lassen Sie es nicht zu einem Wettstarren werden! (siehe Abbildung 8)
- Halten Sie Ihre Hände vom Gesicht fern. Dieses Verhalten könnte als Hinweis auf Unehrlichkeit gewertet werden, wenn Sie es tun, während Ihnen Fragen gestellt werden (Abbildung 9).

Aus demselben Grund sollten Sie auch nicht mit Ihren Haaren spielen oder sich die Nase reiben.

- Lächeln Sie! Ein warmes, echtes Lächeln ist attraktiv, ermutigend und ansteckend!

8   9

Abbildung 8: Haltung, die Ehrlichkeit signalisiert.

Abbildung 9. Haltung, die auf Unehrlichkeit hindeutet.

2) Körpersprache in Situationen des öffentlichen Sprechens

Eine positive Körpersprache kann Ihnen helfen, sich in andere hineinzuversetzen, Nervosität bei Präsentationen zu verbergen und Selbstvertrauen zu vermitteln, wenn Sie in der Öffentlichkeit sprechen. Hier sind einige Tipps, die Ihnen den Einstieg erleichtern:

- Richten Sie Ihren Rücken und Ihre Schultern auf, indem Sie die Arme an den Seiten oder vor sich ausstrecken (siehe Abbildung 10).

Vermeiden Sie es, Ihre Hände in die Taschen zu stecken, um nicht desinteressiert zu wirken.

- Halten Sie Ihren Kopf hoch und in einer Linie mit dem Rest Ihres Körpers (siehe Abbildung 11). Wenn Sie sich zu weit nach vorne oder hinten lehnen, können Sie aggressiv oder arrogant wirken.

- Perfektionieren Sie Ihre Körperhaltung. Stellen Sie sich mit gleichmäßig verteiltem Gewicht und entspannt hin. Stellen Sie einen Fuß vor den anderen, um sich zu stabilisieren (siehe Abbildung 12).

- Machen Sie Gesten mit offenen, vor Ihnen ausgestreckten Händen, wobei die Handflächen dem Publikum zugewandt sind.
- Dieses Verhalten wird als Zeichen der Bereitschaft zur Interaktion und zum Gedankenaustausch interpretiert (siehe Abbildung 13). Vermeiden Sie es, zu viel zu gestikulieren, da die Zuhörer dann eher auf Ihre Hände als auf Ihre Ideen achten werden.

10   11

Abbildung 10. Gerader Rücken und gerade Schultern.

Abbildung 11. Kopf hoch.

12   13

Abbildung 12. Verteiltes Gewicht.

Abbildung 13. Die Handflächen sind dem Publikum zugewandt.

Wenn Sie das Gefühl haben, dass die Aufmerksamkeit Ihres Publikums nachlässt, lehnen Sie sich beim Sprechen leicht nach vorne, um die Aufmerksamkeit Ihres Publikums zurückzugewinnen.In Situationen, in denen die Emotionen hochkochen können, wie z. B. bei Verhandlungen, bei der Bewertung der eigenen Arbeitsleistung oder bei einem Vorstellungsgespräch, kann die Körpersprache dazu beitrag, Angstzustände zu verringern. Probieren Sie die folgenden Tipps aus, um Spannungen abzubauen und Offenheit zu zeigen:

- Machen Sie von der Spiegelung Gebrauch. Ahmen Sie die Körpersprache Ihres Gesprächspartners nach, ohne zu übertreiben. So können Sie eine Beziehung zu Ihrem Gesprächspartner aufbauen und ihn beruhigen.

- Erlauben Sie dem Körper, sich zu entspannen. Halten Sie die Hände still und atmen Sie sanft, um einen Eindruck von Ruhe zu vermitteln.

- Tun Sie so, als wären Sie neugierig, indem Sie zum Beispiel Ihre Wange leicht berühren oder Ihr Kinn reiben, wenn ein kompliziertes Thema angesprochen wird (siehe Abbildung 14).

14

Abbildung 14. Reflektierte Haltung.

Amy Cuddy, Expertin für Körpersprache, empfiehlt, vor einer schwierigen Sitzung zwei Minuten lang innezuhalten, um eine "Power-Haltung" einzunehmen und so die eigene Leistung zu verbessern.

Körpersprache in der virtuellen Welt

Die meisten der oben genannten Tipps zur Körpersprache lassen sich auch auf Videogespräche anwenden.

Sie müssen dann nur mit weniger Körperteilen arbeiten! Hier sind einige Tipps, damit sich Ihre Gesprächspartner wohl fühlen und offen für Ihre Ideen sind:

- Vergewissern Sie sich, dass die Kamera richtig eingestellt ist, sowohl in Bezug auf die Entfernung (nah genug, um Interesse zu vermitteln, ohne in den virtuellen Raum der anderen einzudringen) als auch auf die Ausrichtung (in einer Linie mit den Augen, damit der Blick natürlich wirkt). Es ist auch wichtig, ausreichend Platz für Gesten zu berechnen, ohne den Bildschirm zu berühren!

- Halten Sie Augenkontakt mit der anderen Person: Schauen Sie in die Kamera, als ob Sie der anderen Person in die Augen schauen.

- Machen Sie Gebrauch von der Mimik. Bei einer Videokonferenz steht Ihr Gesicht ständig im Rampenlicht, daher sollten Sie die ganze Zeit ein kleines Lächeln aufsetzen und ein Stirnrunzeln vermeiden.

Welche Art von Körpersprache verwenden Sie?

Die in diesem Kapitel gegebenen Ratschläge sind ein guter Ausgangspunkt für die Entschlüsselung der Körpersprache.

Ganz so einfach ist es jedoch nicht: Menschen, die einen anderen kulturellen Hintergrund haben als Sie, können bestimmten Verhaltensweisen eine andere Bedeutung beimessen.

So können beispielsweise Körperausdrücke, die in einer Kultur als Zeichen der Macht oder des Respekts gelten, in einer anderen als geschmacklos empfunden werden.

Setzen Sie also Ihre Körpersprache ein und fragen Sie sich immer, was Ihr Gesprächspartner fühlt, aber bauen Sie nicht das ganze Gespräch darauf auf: Die Dekodierung der Körpersprache kann in Verbindung mit der Sprache verwendet werden, aber nicht als Ersatz für sie.

KAPITEL 4
GRUPPENGESPRÄCHE

G ruppengespräche sind ein wichtiges Element der Sozialisation.

Wir werden sehen, wie Sie an diesen Interaktionen teilnehmen können, um nicht still zu werden und Ihre sozialen Fähigkeiten zu verbessern.

Als ich anfing an meinen sozialen Fähigkeiten zu arbeiten, verachtete ich Gruppengespräche; ich dachte, sie würden mich einschränken und mir nicht die Möglichkeit geben, mich auszudrücken.

Als ich jedoch begann, sie zu meistern, begann ich sie auch zu schätzen. Im Folgenden sind die Vorteile aufgeführt, die Gruppengespräche mit sich bringen können:

- Sie können auch Spaß machen. Gespräche mit alten Freunden können Erinnerungen an die Kindheit und unbeschwerte Freude wachrufen. Darüber hinaus könnten Geschichten, Anekdoten, private Witze, Neckereien und interessante und intelligente Gespräche entstehen, die die Beziehung unterstreichen.

- Gruppengespräche können auch von Introvertierten geführt werden, die in solchen Interaktionen durch ihren scharfen Humor, ihre besonderen Standpunkte und ihre festen Ideen glänzen können.

- Sie geben interessante Informationen über Ihre Freunde preis. Durch Gruppenchats können Sie neue Informationen über Ihre Freunde gewinnen: Sie werden sehen, wie sie miteinander umgehen, welche Energie sie ausstrahlen, welche Gedanken und Gefühle sie füreinander haben. Während eines Gruppengesprächs werden Sie viele Dinge über Ihre Freunde erfahren, die Sie allein nicht erfahren würden.

- Es besteht weniger Druck zu sprechen. Es ist nicht notwendig, sich ständig zu beteiligen, wie bei einem wechselseitigen Gespräch, da die Aufmerksamkeit verteilt ist und weniger Anstrengung erfordert, um Kontakte zu knüpfen.

- Positive Gefühle. Man fühlt sich sozial engagiert, wenn man sich mit guten Freunden unterhält; es ist ein Gefühl, das der Einsamkeit entgegenwirkt, man fühlt sich energiegeladen und bereit, sich anderen Zielen und Schwierigkeiten im Leben zu stellen.

Wie man eine Diskussion führt

Leisten Sie in Gruppengesprächen Ihren Beitrag und vermeiden Sie es, zu schweigen.

Es ist nicht angenehm, ausgeschlossen zu werden. Deshalb möchte ich Ihnen einige meiner Lieblingsmethoden vorstellen, um zu Gruppendiskussionen beizutragen.

Das sollten Sie sofort wissen: Sie können einen minimalen Beitrag leisten, indem Sie lächeln oder nicken, oder einen maximalen Beitrag, indem Sie sich in den Mittelpunkt der Aufmerksamkeit stellen und als Einziger sprechen.

1. Schauen Sie die Person an, die spricht, lächeln Sie und nicken Sie.

Wenn Sie es nicht gewohnt sind, sich an Gruppendiskussionen zu beteiligen, denken Sie daran, dass das absolute Minimum unglaublich einfach umzusetzen ist.

Schauen Sie einfach Ihren Gesprächspartner an, lächeln Sie und nicken Sie, um Ihre Aufmerksamkeit für das Gespräch zu zeigen, ohne sich einzumischen.

2. Rückkanalisierung

Nach einiger Übung werden Sie in der Lage sein, aktiver zu sein: "Gesprächsrückkanalisierung" ist der nächste Schritt.

Was ist mit diesem Begriff gemeint? Es ist nichts anderes als eine raffinierte Art, "Aha", "Hmm...", "Richtig!", "Wirklich?!", "Auf keinen Fall!" und andere ähnliche Ausdrücke zu sagen.

Diese kleinen Äußerungen sind komplizierter als ein einfaches Nicken und Zeigen an, dass man aufmerksam ist und sich aktiv an dem Gespräch beteiligt.

3. Beteiligen Sie sich mit kurzen Beiträgen an der Gruppendiskussion.

Dies ist die nächste Phase: Stellen Sie kurze Fragen, machen Sie kurze Bemerkungen oder bringen Sie kurz Ihren Standpunkt zum Ausdruck.

Es ist sinnvoll, sich schnell zu Wort zu melden, bevor man die Aufmerksamkeit wieder auf die anderen lenkt, um die Aufmerksamkeit nicht unnötig auf sich zu ziehen.Sie können etwas sagen wie: "Sie meinen [...]?" und "Aha... und was dann?" "Oh!" "Ja, das ist ein wirklich toller Ort!" "Das habe ich auch gehört."

Sie können auch widersprechen (und dabei lächeln) und mit kurzen Kommentaren beitragen: "Das ist verrückt!" oder "Ich bin mir nicht sicher, aber ich würde es nicht tun".

4. Übernahme einer aktiven Rolle in Gruppendiskussionen.

Auf dieser Stufe beginnt man, sich voll und ganz an der Interaktion zu beteiligen: Die Gruppenmitglieder äußern sich zu allem, was besprochen wird, ohne eine bestimmte Reihenfolge einzuhalten, sondern nach einem ständigen Spiel der Abwechslung: Wenn jemand den "Ball" hat, gibt er eine Erklärung ab, äußert eine Meinung, macht einen Witz oder erzählt eine Geschichte; er geht über einfache, kurze Aussagen hinaus.

Auf diese Weise werden Sie zu einem vollwertigen Teilnehmer, der sich einbringt und das Interesse der Teilnehmer an der Diskussion weckt.

5. Aufrechterhaltung der Aufmerksamkeit der Gruppe mit Hilfe eines anderen Teilnehmers

In dieser Phase liegt der Schwerpunkt darauf, die Aufmerksamkeit der Gruppe zu erhalten, indem eine Diskussion von Angesicht zu Angesicht mit einer anderen Person geführt wird, während die übrigen Teilnehmer die Emotionen beobachten und spüren, die sich aus der Diskussion ergeben.

Es kann ein herzliches Gespräch sein oder ein Hin und Her; es findet oft statt, wenn zwei Personen in der Gruppe am meisten an dem Thema interessiert, engagiert oder informiert sind.Ein Beispiel: Sie und eine andere Person in der Gruppe sind beide große Fans einer Fernsehsendung; Sie sprechen gerne darüber, während die anderen Ihnen schweigend zuhören.

Oder noch einmal: Sie und ein Freund diskutieren über die Wahl zwischen dem Immobilienmarkt und dem Aktienmarkt als beste Geldanlage. Alle anderen hören nur euch beiden zu, weil ihr am meisten Interesse an dem Thema habt und am besten informiert seid.

Diese Dynamik sollte jedoch nicht über einen längeren Zeitraum aufrechterhalten werden, da sie für andere langweilig und irritierend werden kann.

6. Die gesamte Aufmerksamkeit der Gruppe auf sich lenken

Dies ist die letzte und schwierigste Stufe, die es zu erreichen gilt.

Jetzt, wo Sie Ihre Kommunikationsfähigkeiten in einer Gruppe geübt haben, sollten Sie in der Lage sein, die Aufmerksamkeit aller auf sich zu lenken.

Dies ist der Fall, wenn Sie eine Episode erzählen oder Informationen weitergeben, die nur Sie selbst kennen, oder sogar komplexe Gedanken äußern, während alle anderen nur zuschauen und zuhören.

Achten Sie nur darauf, dass Sie nicht zu lange bei dem Thema bleiben. Auch andere brauchen eine Gelegenheit zum Reden.

Man könnte meinen, dies sei ein Verhalten, das extrovertierten Menschen vorbehalten ist. Das ist es aber nicht.

Wie Sie Ihre Gruppengespräche verbessern können

Die Beherrschung des Gruppendiskurses ist unerlässlich. Es ist eine Fähigkeit, die es wert ist, Zeit in das Erlernen und Üben zu investieren. Es ist ein langfristiger Prozess, bei dem jede Gruppendiskussion, an der Sie teilnehmen, Ihre Fähigkeiten verbessern wird.

Hier sind einige Tipps, die Ihnen helfen, Ihre Leistung bei Gruppengesprächen zu verbessern:

- Experimentieren Sie mit verschiedenen Stufen der Beteiligung an Gesprächen. Die oben erwähnten sechs Stufen können ein konstruktiver, schrittweiser und effektiver Weg sein, diese

Fähigkeit zu entwickeln. Sie können versuchen, die Aufmerksamkeit des Publikums mehr und mehr auf sich zu ziehen, je wohler Sie sich fühlen und je sicherer Sie vor einer Gruppe sprechen.Nachdem Sie alle Schritte geübt haben, können Sie je nach Szenario und Ziel des Gesprächs entscheiden, wie weit Sie sich exponieren wollen.

- Verbesserung des Timings von Gruppengesprächen

Das Timing ist eines der wichtigsten Elemente, die es zu berücksichtigen gilt. Wenn Sie sich in einer Gruppe unterhalten, kann es schwierig sein, den richtigen Zeitpunkt für ein Eingreifen zu finden.

Wenn Sie introvertiert sind, kann dies sogar noch schwieriger für Sie sein, weil Sie vielleicht eine Pause einlegen und nachdenken, bevor Sie Ihre Meinung äußern; dies kann Sie verlangsamen.

Eine sorgfältige Beobachtung der Personen, die sich am meisten für das Thema interessieren, kann helfen, den idealen Zeitpunkt für eine Intervention zu wählen.

- Das Risiko eingehen

Wenn Sie sich in Gruppengesprächen wohler und kompetenter fühlen möchten, haben Sie sich wahrscheinlich zu lange in Ihrer Komfortzone aufgehalten.

Vielleicht haben Sie Angst, gedemütigt zu werden, für Ihre Ideen beurteilt zu werden, oder Sie haben Angst, Ihren Gesprächspartner zu beleidigen.

Sie sollten es nicht übertreiben und plötzlich anfangen, sich anders zu verhalten. Sie können aber ruhig versuchen, ein bisschen mehr zu reden. Versuchen Sie, in einem Gruppenchat 5 bis 10 Prozent mehr als normal zu sprechen.

Die meisten Ihrer Fehler werden von Ihren Gesprächspartnern nicht bemerkt werden. Während Sie also Ihre Fähigkeiten für Gruppendiskussionen verbessern, sollten Sie auch etwas Spaß haben!

Situationen, die ein persönliches Gespräch erfordern

Die Technologie wird immer häufiger zur Kommunikation eingesetzt. Es gibt jedoch einige Situationen, in denen ein Gespräch auf die altmodische Art - per Telefon oder persönlich - vorzuziehen ist.

Die Wahl des richtigen Mediums kann aufgrund der großen Auswahl an Möglichkeiten schwierig sein.

"Bei der Wahl der idealen Strategie sind zahlreiche Faktoren zu berücksichtigen, angefangen bei dem Produkt oder der Dienstleistung, die Sie verkaufen, bis hin zu der Person, mit der Sie zusammenarbeiten", sagt Gina Rubel, Präsidentin von Furia Rubel Communications, einer Agentur für Marketing und

Öffentlichkeitsarbeit in Doylestown, USA. "Was richtig ist, ist nicht immer offensichtlich."

Im Folgenden werden drei verschiedene Arten von Sitzungen und die jeweils effizienteste Form der Kommunikation vorgestellt:

1. Kommunikation zwischen den Mitarbeitern

In manchen Fällen ist ein persönliches Gespräch erforderlich. "Alles, was einen Dialog oder ein emotionales Thema erfordert, sollte persönlich besprochen werden", rät Rubel.

Wichtige Besprechungen, wie z. B. Diskussionen über die Ziele des nächsten Jahres oder Planungssitzungen, sollten von Angesicht zu Angesicht abgehalten werden. Auch Mitarbeiterbeurteilungen sollten laut Rubel immer persönlich durchgeführt werden.

Diese Art der Interaktion ist auch bei Vorstellungsgesprächen notwendig. "Ich würde nie jemanden für einen Job einstellen, ohne ihn vorher kennengelernt zu haben", fügt Rubel hinzu.

"Die Gefahren sind zu groß." Eine Ausnahme: Wenn Sie jemanden für eine niedrigere Position einstellen und ein persönliches Gespräch nicht möglich ist, weil die Entfernung zu groß ist, können Sie sich einfach per Skype unterhalten.Bei Freiberuflern ist das anders: Es gibt oft viele Informationen im Internet, die man auswerten kann, ohne sich unbedingt persönlich zu treffen.

Wenn es zum Beispiel darum geht, einen Grafikdesigner einzustellen, reicht laut Rubel ein Telefonanruf aus, da man in der Regel Arbeitsproben auf der Website des Designers oder über eine Google-Suche sehen kann. "Heutzutage gibt es online genügend Informationen, um zu sehen, ob jemand gut zu einem passt, ohne ihn persönlich zu treffen", fügt er hinzu.

Alltägliche Angelegenheiten hingegen können am Telefon oder per E-Mail besprochen werden.

Wenn Sie telefonieren, schicken Sie eine E-Mail, damit Sie das Gespräch nachverfolgen können und eine schriftliche Erinnerung haben, die Sie jederzeit abrufen können. Rubel zum Beispiel bittet ihre Mitarbeiter routinemäßig, Gespräche per E-Mail zu bestätigen, wenn sie nicht in der Stadt ist. "Die Leute sind so leicht abzulenken", erklärt sie. "Sie werden es vergessen, wenn sie es nicht schriftlich erhalten.

2. Besprechungen

Es ist notwendig, sich persönlich zu treffen, wenn besonders viel auf dem Spiel steht, z. B. bei Kontakten mit potenziellen Produzenten in Übersee oder anderen Partnern. In vielen Kulturen ist es nämlich notwendig, Zeit miteinander zu verbringen, um ein Vertrauensverhältnis aufzubauen. Außerdem ist es nur bei einem persönlichen Gespräch möglich, bestimmte Nuancen des Gesprächs zu entschlüsseln.

Ein weiterer Grund, warum ein persönliches Treffen entscheidend sein kann, ist die Frage, wo ein Produkt hergestellt wird. Rubel berichtet von einem Kunden, der herausfand, dass ein Hersteller in China Kinderarbeit einsetzte, woraufhin die Verhandlungen abgebrochen wurden. Nach einem ersten Treffen kann man sich jedoch auf E-Mails verlassen, was laut Rubel vorzuziehen ist, da man so die Interaktionen verfolgen und dokumentieren kann. Wenn man aus rechtlicher Sicht ins Detail gehen will, sollte man dies schriftlich tun", erklärt er.

In anderen Fällen reicht ein Telefonanruf oder eine E-Mail aus. Dies gilt vor allem dann, wenn man mit dem Gesprächspartner vertraut ist, ohne mit ihm verwandt zu sein.

3. Interaktion mit den Kunden

Im Allgemeinen reicht die E-Mail für die tägliche Kommunikation aus. In den meisten Dienstleistungsunternehmen, in denen die Qualität der Beziehungen von entscheidender Bedeutung ist, sind regelmäßige persönliche Treffen für wichtigere Themen erforderlich; dies gilt insbesondere für Anwälte, Buchhalter, Personalexperten, Finanzberater und andere Berufsgruppen.

Wenn es um Kunden geht, ist es wichtig, im Voraus zu untersuchen, wie sie am liebsten kommunizieren. Ein Finanzberater könnte zum Beispiel feststellen, dass technikaffine Kunden lieber per E-Mail kommunizieren.

Persönliche Begegnungen tragen jedoch am meisten dazu bei, die menschliche Bindung zu festigen. So wechselte Rubel kürzlich von einer großen nationalen Bank zu einer kleineren, lokalen Bank.

Der Vizepräsident der Bank besuchte sie im Dezember und brachte ihr einen klassischen "Weihnachtskorb" mit. Diese Art von persönlichem Engagement zeigt, wie sehr sie unser Unternehmen respektieren", fügt sie hinzu. Man kann nicht immer den kürzesten Weg nehmen, also nehmen Sie sich Zeit für einen persönlichen Besuch.

KAPITEL 5

DER FLUSS DER KONVERSATION

D er Gesprächsfluss ist die Vorstellung, dass alles mühelos zu sein scheint, dass alle Sätze in einem Unikat fließen; man fühlt sich nicht ängstlich oder verlegen, man bleibt nicht stecken und kann dem anderen antworten und zuhören, als wäre das Gespräch ein gut choreografierter Tanz.

Jedes Gespräch ist jedoch einzigartig und wird von sich ständig ändernden Faktoren beeinflusst.

Daher kann es in den meisten Gesprächen schwierig sein, einen Gesprächsfluss zu erreichen, aber mit etwas Übung kann man es lernen.

Der Schlüssel zur Entwicklung von Flow ist ein Gefühl des Wohlbefindens. Ein Austausch von Fakten oder Emotionen mit einer Person, die uns durch ihre Haltung und ihren Kommunikationsstil anzieht, kann als Modell für die Entwicklung eines Selbstbewusstseins dafür dienen, wie man in jedem Gespräch Flow erzeugt.

Erinnern Sie sich also an eine Situation, in der es Ihnen gelungen ist, ein Gespräch mit jemandem aufrichtig und mühelos zu gestalten, ohne dass Sie sich überhaupt bewusst waren, wie Sie zu den von Ihnen verwendeten Worten oder den von Ihnen gestellten Fragen gekommen sind. Versuchen Sie nun zu analysieren, warum das Gespräch so gut verlaufen ist. Fragen Sie sich: Was waren die Charakterzüge dieser

Person? Wer hat das Gespräch begonnen? Was habe ich während des Gesprächs gesagt? Was waren die Besonderheiten dieser Interaktion: Dauer, Zeitpunkt, Umfeld und Hintergrund? Mit Länge meinen wir die Dauer, mit Zeitpunkt meinen wir, wann das Gespräch stattgefunden hat: zu welcher Tageszeit, zu welcher Jahreszeit usw., mit Umfeld meinen wir den Ort, an dem das Gespräch stattgefunden hat. Schließlich bezieht sich der Begriff Hintergrund auf alle Informationen, die wir vor der Interaktion über unseren Gesprächspartner besitzen.

Haben wir Informationen über diese Person oder handelt es sich um einen Fremden? Jede dieser Fragen wird Ihnen helfen zu verstehen, wie Sie einen idealen Gesprächsfluss erreichen können.

Eine Interaktion aufzuschlüsseln und zu analysieren mag schwierig erscheinen, aber es kann Ihnen helfen, wertvolle Erkenntnisse über Ihre natürliche Fähigkeit zu gewinnen, einen Gesprächsfluss herzustellen.

Wenn Sie diese Aufgabe als schwierig empfinden, können Sie auch das gegenteilige Szenario in Betracht ziehen: Denken Sie an eine Situation, in der Sie das schwierigste Gespräch hatten, weil es Ihnen nicht gelungen ist, irgendeine Form von Gesprächsfluss herzustellen.

Stellen Sie sich die gleichen Fragen wie bei der vorherigen Übung.

Es könnte sinnvoll sein, diese beiden Übungen nebeneinander auf ein Blatt Papier zu schreiben, damit Sie die beiden Szenarien vergleichen können. Fallen Ihnen wiederkehrende Themen auf? Es könnte sinnvoll sein, die ersten Gedanken aufzuschreiben, die Ihnen nach dieser

Aufgabe in den Sinn kommen, bevor Sie die Gelegenheit haben, die Fakten, die Ihnen in den Sinn gekommen sind, zu analysieren oder zu überdenken.

Nachdem Sie sich ein paar Augenblicke Zeit für die Selbstbeobachtung genommen haben, sollten Sie sofort aufschreiben, was Ihnen aufgefallen ist oder woran Sie nicht mehr aufhören können zu denken, denn das sind gute Hinweise auf Ihren Arbeitsstil.

Wenn Sie zu lange warten, besteht die Gefahr, dass unsere Eindrücke verunreinigt werden, da unser Verstand dazu neigt, mit der Zeit immer mehr Informationen hinzuzufügen, die den ersten Eindruck verwischen.

Einer der Tricks, die Sie immer im Hinterkopf behalten sollten, wenn Sie einen Gesprächsfluss herstellen wollen, ist, "die Person reden zu lassen". Es stimmt, dass die Gefahr besteht, dass die andere Person zu viel redet, was es für Sie schwierig macht, einzugreifen und den Gesprächsfluss zu unterbrechen.

In den unangenehmsten Gesprächen ist es jedoch ein nützliches Instrument, die Person einfach reden zu lassen.

Überlegen Sie einmal, in welchen Situationen Sie am gesprächigsten waren: Das ist meistens dann der Fall, wenn es um ein Thema geht, das Sie interessiert oder von dem Sie begeistert sind.

Wie gehen Sie also damit um? Auch wenn es sich um eine fremde Person handelt, müssen Sie versuchen, durch Fragen zu verstehen, was der Gesprächspartner für wichtig hält. Wenn der Gesprächsfluss nicht zustande kommt, können Sie das, was für die betreffende Person von Bedeutung ist, nutzen, um den Dialog voranzutreiben.

Um zu verstehen, welche Themen für eine Person am wichtigsten sind, achten Sie einfach auf einige dieser Signale: Intensität oder Betonung in der Stimme, wiederkehrende Hinweise oder Ausdruck von Emotionen, entweder mündlich oder durch Mimik. Merken Sie sich diese Themen und greifen Sie sie im weiteren Verlauf des Gesprächs mit einer Frage auf, um die andere Person zum Weiterreden zu ermutigen.

Ein weiterer Tipp, um den Gesprächsfluss aufrechtzuerhalten, besteht darin, sich in der kurzen Zeit, die man mit der Person verbringt, um sie "zu kümmern".

Das ist nicht immer einfach: Seien wir ehrlich, es gibt Menschen, mit denen wir einfach nichts anfangen können oder von denen wir einen schlechten Eindruck haben; es kann auch vorkommen, dass der Gesprächspartner uns ungewollt bei einem Thema beleidigt, das uns am Herzen liegt.

Je mehr Sie jedoch einen Grund finden, sich für die begrenzte Zeit, in der Sie mit der Person sprechen, für sie zu interessieren, desto leichter wird es Ihnen fallen, den Gesprächsfluss zu entwickeln.

Fragen Sie sich: "Warum kann ich diese Person nicht leiden? Ist es mein Problem oder seins?" Diese Fragen helfen Ihnen, während des Gesprächs offen zu bleiben.

Andernfalls besteht die Gefahr, dass Sie in dem Moment, in dem Sie anfangen, sich gereizt, uneinig oder defensiv zu fühlen, abschalten und das Gespräch abbricht.

Diese Situation kann in einem beruflichen Umfeld schwierig sein, da es sich bei der Person um einen Ihrer Mitarbeiter handeln könnte, den Sie für die Durchführung eines Projekts benötigen oder der eine Schlüsselrolle für Ihr berufliches Fortkommen spielen könnte. Daher ist es wichtig, während einer Interaktion einen offenen Geist zu bewahren, um ein Gespräch aufrechtzuerhalten oder zu versuchen, es zu entwickeln.

Eine nützliche Strategie besteht darin, sich einer anderen Person nicht zu verschließen, sondern sich auf sie einzulassen: Denken Sie daran, dass jeder Mensch einen Hintergrund und Erfahrungen hat, die die Art und Weise beeinflussen können, wie er mit anderen umgeht.

Das Ziel des Gesprächsflusses sollte es sein, ein ausgewogenes Gespräch zu führen. Die Menge an Informationen, die Sie über sich selbst mitteilen, sollte der Menge an Informationen oder Gesprächen über sich selbst entsprechen, die die andere Person mitteilt.

Achten Sie also auf diesen Austausch: Bemerken Sie, dass Sie zu lange reden? Verwenden Sie offene Aussagen, die oft auch Fragen enthalten. Sie dienen dazu, eine Person in das Gespräch hineinzuziehen.

Wenn Sie zum Beispiel gefragt werden: "Wie lief die Präsentation? Das Gespräch wäre beendet, wenn Sie antworten würden: "Gut". Wenn Sie stattdessen ein längeres und bedeutungsvolleres Gespräch mit dieser

Person führen möchten, würden Sie sagen: "Es lief gut; ich habe an X und Y gearbeitet; meinen Sie, ich sollte noch mehr Informationen hinzufügen?" Das würde die andere Person ermutigen, zu antworten und die Diskussion in Gang zu halten.

Zugegeben, wir haben nicht immer Zeit dafür, aber wenn es Ihr Ziel ist, mit der anderen Person in Kontakt zu treten, um Ihr berufliches Netzwerk zu erweitern oder in Ihrer Karriere voranzukommen, dann sollten Sie sich um einen Gesprächsfluss bemühen.

Je mehr Fragen Sie stellen und je mehr Möglichkeiten zur Interaktion Sie bieten, desto engagierter fühlt sich die andere Person und desto stärker wird der Gesprächsfluss.

Es ist wie bei einem Basketballspiel, bei dem man den Ball an einen Mitspieler weitergibt; bei einem guten Gesprächsfluss sollte der Ball auch weiterhin von einem Spieler zum anderen weitergegeben werden.

In manchen Fällen können Sie spüren, wann sich das Gespräch dem Ende zuneigt.

Das ist genau der Moment, in dem die Taktik, sich an das zu erinnern, was der Person wesentlich erscheint, Ihnen helfen könnte: zu einem früheren Thema zurückzukehren könnte helfen, das Gespräch in Gang zu halten.

Es könnte jedoch schwierig sein, auf ein vorheriges Thema zurückzukommen, wenn Sie das, was Sie gerade gesagt haben, nicht mit dem verbinden, was Sie jetzt sagen wollen.Übergangssätze wie

"Übrigens, ich hoffe, Sie können mir mehr über X erzählen" können in diesem Fall nützlich sein. Die Formulierung "Übrigens..." zeigt an, dass man von einem Thema zu einem anderen übergeht.

Andere Übergangsphrasen sind Aussagen oder Aufforderungen, die mit "und", "oder" beginnen, zusammen mit "wissen Sie, was ich noch denke...". Es ist wichtig, den Übergang so zu gestalten, dass die andere Person über das neue Thema nicht im Unklaren gelassen wird.

Jedes Gespräch muss jedoch zu einem Ende kommen.

Wenn Sie und Ihr Gesprächspartner einen guten Gesprächsfluss hergestellt haben, werden Sie ein befriedigendes Gefühl des Abschlusses erleben, wenn Sie die Interaktion beenden.

Wenn dieselben Informationen immer wieder auftauchen und sich überflüssig machen, hat das Gespräch möglicherweise seinen Zweck erfüllt.

In diesem Fall sollte man versuchen, das Gespräch zu einem Abschluss zu bringen.

Aber wie beendet man ein Gespräch? Man kann die Interaktion beenden, indem man die wichtigsten Punkte, die zur Sprache gekommen sind, zusammenfasst.

Wenn es sich zum Beispiel um eine geschäftliche Besprechung handelt, sagen Sie: "Also werde ich X tun, und Sie werden Y tun, und wir werden uns treffen...". Das Wort "deshalb" bedeutet, dass Sie einen

Punkt zusammenfassen und verdeutlicht, was Sie und die andere Person als Ergebnis Ihrer sozialen Interaktion tun werden.

Eine weitere effektive Möglichkeit, das Gespräch zu beenden, ist die Planung eines zukünftigen Gesprächs, insbesondere bei neuen sozialen Begegnungen.

Entscheiden Sie sich für einen Tag und eine Uhrzeit, die für beide Parteien geeignet sind, da dies der anderen Person zeigt, dass Sie die Interaktion nützlich oder angenehm fanden und dass Sie gerne wieder mit ihr/ihm sprechen würden.

Ziehen Sie schließlich in Erwägung, das Gespräch mit einem Kompliment oder einer Anerkennung zu beenden, wie z. B.: "Ich möchte Ihnen dafür danken, dass Sie mir Ihre Erfahrungen mit X mitgeteilt haben" oder "Ich fand es wirklich gut, was Sie mir über Y erzählt haben".

Dies stärkt Ihre Bindung und ermöglicht es Ihnen, das Gespräch auf angenehme Weise zu beenden, was Ihnen helfen wird, einen neuen Gesprächsfluss in der Zukunft zu beginnen.

KAPITEL 6

MANIPULATION UND ÜBERREDUNG

J emanden zu beschuldigen, ein Manipulator zu sein, ist ein Urteil über seinen Charakter und seine Persönlichkeit. Zu sagen, man sei manipuliert worden, ist eine Art, sich darüber zu beschweren, wie ungerecht man behandelt wurde.

Manipulation ist bestenfalls unmoralisch und schlimmstenfalls grausam Menschen beeinflussen sich ständig gegenseitig auf verschiedene Weise. Doch was unterscheidet Manipulation von anderen Formen der Überzeugung, und was macht sie unethisch?

Manipulationsversuche werden regelmäßig unternommen. Im Folgenden sind einige gängige Beispiele aufgeführt:

- "Gaslighting" ist ein Manipulationsversuch, der darauf abzielt, das Opfer davon zu überzeugen, seinem eigenen Urteilsvermögen nicht zu vertrauen und sich stattdessen auf den Rat des Manipulators zu verlassen.
- Schuldgefühle sind nützlich, um jemanden davon zu überzeugen, nicht das zu tun, was der Manipulator von ihm verlangt.
- Der "Gruppenzwang" führt dazu, dass jemand so sehr um die Gunst des Manipulators besorgt ist, dass er alles tun wird, was dieser will.

Die Werbung versucht auch, die Öffentlichkeit zu manipulieren, wenn sie sie zu falschen Vorstellungen oder falschen Assoziationen verleitet, z. B., dass Brathähnchen ein gesundes Essen ist. Oder man denke an

Fälle wie Phishing und andere Betrügereien, bei denen die Opfer (durch offensichtliche Lügen oder gefälschte Telefonnummern und URLs) mit Emotionen wie Gier, Angst oder Mitleid getäuscht werden.

Dann gibt es noch die einfachere Manipulation, die sich beispielsweise darin äußert, dass Jago versucht, Othello zu manipulieren, um ihn in Verdacht zu bringen, Desdemona treu zu sein, indem er seine Schwächen ausnutzt, um ihn eifersüchtig zu machen und in einen Rausch zu versetzen, der Othello schließlich dazu bringt, seine Geliebte zu töten.

Alle diese Beispiele von Manipulation haben moralische Untertöne.

Manipulation könnte als gefährlich angesehen werden, weil sie bei denjenigen, die manipuliert werden, Unbehagen hervorruft:

Zigarettenwerbung beispielsweise verleitet die Öffentlichkeit zum Rauchen und erhöht damit die Wahrscheinlichkeit, an Krankheiten zu erkranken oder zu sterben, Phishing und andere Betrügereien ermöglichen Identitätsdiebstahl und andere Arten von Korruption, soziale Strategien können missbräuchliche oder unangenehme Beziehungen fördern, oder politische Manipulation kann Spaltungen hervorrufen und die Demokratie schwächen.

Manipulation ist jedoch nicht unbedingt schädlich.

Angenommen, Amy hat vor kurzem einen treuen, aber gewalttätigen Ehemann verlassen und ist versucht, in einem Moment der Schwäche zu ihm zurückzukehren. Stellen Sie sich vor, Amys Freunde wenden dieselbe Taktik an wie Jago gegen Othello: Sie machen Amy glauben - indem sie sie wütend machen -, dass ihr Ex-Partner nicht nur gewalttätig, sondern auch ein Verräter war.

Wenn die Täuschung von Amys Freunden verhindert, dass das Paar wieder zusammenkommt, ist sie vielleicht besser dran, als wenn sie es nicht getan hätte.

Anderen mag diese Entscheidung jedoch moralisch fragwürdig erscheinen; es wäre ethisch vorzuziehen gewesen, Amy mit nicht-manipulativen Taktiken zu helfen, einen Rückfall zu verhindern. Selbst wenn die Manipulation Vorteile bringt, hat sie also etwas moralisch Fragwürdiges an sich.

Ob eine Wirkung manipulativ ist oder nicht, hängt davon ab, wie sie eingesetzt wird. Die Taktik Jago's ist trügerisch und unethisch, da sie Othello zu falschen Überzeugungen und Gefühlen verleitet.

Jago weiß sehr wohl, dass Othello keinen Grund hat, eifersüchtig zu sein, und dennoch schafft er es, ihn eifersüchtig zu machen. Die Täuschung beruht darauf, an Othellos Gefühle zu appellieren.

Emotionale Bitten sind jedoch nicht unbedingt manipulativ. Einfühlungsvermögen wird oft bei der moralischen Überzeugung oder der Aufforderung verwendet, darüber nachzudenken, wie man sich fühlen würde, wenn andere das tun würden, was man ihnen antut. Ebenso ist es keine Manipulation, wenn man Angst vor etwas wirklich Schädlichem, Reue für etwas wirklich Unmoralisches oder ein gewisses Maß an Vertrauen in die eigenen Fähigkeiten hervorruft.

Sogar Einladungen, am eigenen Urteilsvermögen zu zweifeln, können nicht manipulativ sein, wenn es einen triftigen Grund dafür gibt - vielleicht aufgrund von Rauschzuständen oder überwältigenden Emotionen, wie im Fall der Ermutigung eines wütenden Freundes, von schnellen Entscheidungen abzusehen, bis er sich beruhigt hat.

Wenn umgekehrt ein untreuer Ehepartner versucht, Ihnen ein schlechtes Gewissen einzureden, weil Sie ihn des Ehebruchs beschuldigen, den er in Wirklichkeit gerade begangen hat, versucht er durch Manipulation, Ihnen falsche Schuldgefühle einzureden.

Umgekehrt wirkt es nicht manipulativ, wenn ein Freund Ihnen ein angemessenes Maß an Reue dafür vermittelt, dass Sie ihn in einer Zeit der Not im Stich gelassen haben.

Zusammenfassend lässt sich sagen, dass sich Manipulation als unkorrektes und ethisch inakzeptables Verhalten dadurch auszeichnet, dass der Manipulator versucht, jemanden zu einer Überzeugung, einem Gefühl oder einer Geisteshaltung zu bewegen, die er oder sie für unangemessen hält.

Das Ziel besteht also darin, einen anderen Menschen zu einem Fehler zu verleiten: Der Lügner versucht, Sie zu überzeugen, eine Unwahrheit zu glauben, der Manipulator will Sie dazu bringen, ein unangemessenes (oder übermäßig starkes oder schwaches) Gefühl zu empfinden, das Falsche zu betonen (z. B. die Zustimmung eines anderen) oder an etwas zu zweifeln (z. B. an Ihrem eigenen Urteilsvermögen oder der Loyalität eines geliebten Menschen), zu dem Sie keinen Grund haben.

Der entscheidende Unterschied zwischen Manipulation und nicht-manipulativer Beeinflussung hängt von der Absicht des Überredenden ab: Im ersten Fall geht es darum, jemanden zu einem Fehler in seinen Gedanken, Gefühlen, Zweifeln oder seiner Aufmerksamkeit zu bewegen.

Manipulation ist also definiert als die Absicht, die Fähigkeit einer Person, die bestmögliche Entscheidung zu treffen, zu behindern - hierin liegt das Wesen der Unmoral.

Wenn wir Manipulation aufdecken wollen, müssen wir also das Ziel der Person des Manipulators analysieren, nicht die Art und Weise, wie die Beeinflussung stattfindet.

KAPITEL 7

WIE MAN EIN GESPRÄCH BEGINNT

D ie Fähigkeit, ein Gespräch zu beginnen, ist eine wichtige Fähigkeit, um Kontakte zu knüpfen und Beziehungen aufzubauen, ganz gleich, ob Sie versuchen, Freunde zu finden oder einen neuen beruflichen Kontakt zu knüpfen.

Es kann jedoch schwierig sein, die richtigen Worte zu finden, wenn man jemanden zum ersten Mal trifft.

Es gibt verschiedene effektive Möglichkeiten, ein Gespräch zu beginnen, unabhängig von der Umgebung oder der Persönlichkeit der Person, mit der Sie sprechen möchten.

Was ist die beste Technik, um ein Gespräch zu beginnen?

1. Anfordern von Informationen

Die Person, mit der Sie sprechen möchten, um Informationen zu bitten, ist ein effektiver Ansatz, um ein Gespräch zu beginnen und eine Beziehung zu jemandem aufzubauen.

Selbst wenn Sie die Antworten auf diese Fragen bereits kennen, ist dies eine gute Technik, um mit jemandem in Kontakt zu treten.Sie bringen nicht nur das Eis zum Schmelzen, sondern zeigen dem Gesprächspartner auch, dass Sie Interesse an ihm haben.

2. Ein Kompliment machen

Komplimente können den Tag einer Person aufhellen und ihr Selbstwertgefühl stärken. Sie können eine Eigenschaft der Person, die Sie mögen, auswählen und erklären, warum sie Sie fasziniert.

"Dein Haar gefällt mir sehr", zum Beispiel. "Du siehst mit diesem Schnitt gut aus".

So können Sie ein Gespräch beginnen, indem Sie beispielsweise fragen, wo ihr Friseur ist oder wie sie ihre Frisur auswählen, und mit Folgefragen das Gespräch in Gang halten.

3. Einen Ausruf machen

Eine weitere gute Taktik, um ein Gespräch zu beginnen, besteht darin, etwas Nettes über eine Situation oder einen Vorfall zu sagen, etwas, das die Aufmerksamkeit der anderen Person erregt und auf das man später eingehen kann, um ein Gespräch fortzuführen.

 Das könnte die Happy Hour im Büro am Vorabend sein oder ein Spiel, das am Vorabend stattgefunden hat.

"Haben Sie gestern Abend das Fußballspiel gesehen?", zum Beispiel. "Ich glaube, unsere Gruppe hat jetzt ihren Rhythmus gefunden.

"Das Gespräch kann dann zu einer tiefer gehenden Diskussion über das Spiel oder ein verwandtes Thema, z. B. eine andere Sportmannschaft, übergehen.

4. Über sich selbst sprechen

Auch wenn es nicht in jeder Umgebung und Situation angebracht ist, so ist es doch eine einfache Art, seinen Wunsch nach einem Treffen und Kennenlernen auszudrücken.

Sie könnten zum Beispiel jemanden in einer anderen Abteilung besuchen und sich dort vorstellen.

"Hallo, mein Name ist Lisa. Ich bin neu im neuen Team und wollte hallo sagen."

5. Unterstützung anbieten

Wann immer Sie mit jemandem sprechen wollen und diese Person Hilfe braucht, sollten Sie die Gelegenheit sofort nutzen.

Das Anbieten von Hilfe könnte Sie attraktiv machen und das Vertrauen der anderen Person gewinnen, besonders wenn Sie die Aufrichtigkeit der Geste zeigen.

"Darf ich Ihnen beim Abheften der Ordner helfen?" oder "Möchten Sie sich setzen?".

6. Hilfe suchen

Eine weitere gute Möglichkeit, ein Gespräch zu eröffnen, besteht darin, um Hilfe zu bitten.

Das Geheimnis ist, dass es der Person selbst nützt, wenn sie der anderen Person hilft, da sie sich nützlich fühlt, vor allem, wenn es etwas ist, das sie leicht leisten kann. Wenn Sie jemandem einen Gefallen getan haben, wird er eher geneigt sein, positiv über Sie zu denken und Ihnen zu vertrauen. Um Hilfe zu bitten, kann Ihnen helfen, ein Gespräch in Gang zu bringen, aber achten Sie darauf, dass die Bitte um Unterstützung für beide Seiten angemessen ist.

"Könnten Sie mir zeigen, wo der Besprechungsraum ist?" oder "Kann ich mir Ihren Stift leihen?".

7. Eine gemeinsame Erfahrung teilen

Es ist leicht, ein Gesprächsthema zu finden, wenn man sich mit jemandem unterhalten möchte, der die gleichen Erfahrungen, Vorlieben oder Gedanken hat wie man selbst. Ihre gemeinsamen Erfahrungen zum Beispiel werden es Ihnen ermöglichen, reibungslos miteinander auszukommen.

"Wann haben Sie das letzte Mal unsere Freundin Rachel besucht?" oder "Arbeiten Sie gerne im Büro in Philadelphia?".

8. Einholung einer Stellungnahme

Wenn Sie um Feedback bitten, zeigt das, dass Sie an der Meinung der anderen Person interessiert sind. Viele Menschen werden Ihre Fragen mit Begeisterung beantworten, wenn sie sich mit dem Thema auskennen.

Wenn Sie jemanden um Feedback bitten, sollten Sie sich auf aktuelle Themen konzentrieren.

"Schmeckt Ihnen der Kaffee aus dem neuen Café?" oder "Sind das (Marken-)Schuhe? "Sind sie bequem?"

9. Einander beglückwünschen

Wenn Sie einen Manager oder eine Person Ihres Interesses zum ersten Mal im Unternehmen treffen, loben Sie seine/ihre Arbeit.

"Ich habe Ihre Rede auf dem Bankett letzte Woche gehört", zum Beispiel. "Sie haben einige hervorragende Punkte angesprochen."

Stellen Sie im Anschluss an das Kompliment geeignete Fragen, z. B. wie sie zu hervorragenden Rednern wurden.

10. Echte Begeisterung zeigen

Versuchen Sie, ein Thema vorzuschlagen, von dem Sie wissen, dass es Ihren Gesprächspartner begeistern wird.

Wenn Sie Ihre Mitarbeiter zum Beispiel dazu bringen, über ihre Leidenschaften zu sprechen, erfahren Sie etwas Neues über sie und das Gespräch bleibt locker und fröhlich."Ich habe [Bandname] auf deinem

T-Shirt gesehen", zum Beispiel. "Hast du jemals einen Auftritt der Band gesehen?" oder "Ich habe gesehen, dass du vor kurzem von Barbados hergezogen bist, wie ist es dort?"

11. Erfragen von Informationen über den Gesprächspartner

Menschen fühlen sich von Natur aus dazu hingezogen, über sich selbst zu sprechen. Versuchen Sie daher, das Gespräch auf die Hobbys, Gewohnheiten und Erfahrungen Ihres Gegenübers zu lenken.

"Zum Beispiel: "Was für ein schönes Bild von Ihrer Familie auf Ihrem Schreibtisch; wie alt sind Ihre Kinder? Oder: "Ich habe gehört, dass Sie eine Auszeit auf Hawaii genommen haben; wie war es dort?

12. Eine Beobachtung machen

Viele Gesprächsanlässe ergeben sich aus Kommentaren über die besonderen Merkmale von Orten oder Orten in der Welt. Bemerkungen über Architektur, Temperatur oder Kunstwerke können effektive Methoden sein, um jemanden zu überzeugen, mit Ihnen zu plaudern.

Zum Beispiel: "Sie haben diesen Ort hervorragend dekoriert". Oder: "Der Blick aus diesem Fenster ist atemberaubend!".

13. Über das Wetter sprechen

64

Wenn alles andere fehlschlägt, können Sie immer eine Bemerkung zum Wetter machen.

Das ist eine der einfachsten Möglichkeiten, jemanden zum Reden zu ermutigen, und kann später ein guter Anstoß für weitere Gespräche sein."Ist das nicht ein schöner Tag?" zum Beispiel. "Kannst du glauben, wie viel Schnee heute fällt?".

Sobald eine Diskussion begonnen hat, sind Fragen, die das Eis brechen, eine unterhaltsame und fesselnde Art, mehr über jemanden herauszufinden.

Im Folgenden finden Sie einige Hinweise:

- Was lesen Sie im Moment?
- Welche lebende oder tote historische Figur würden Sie gerne einmal treffen? Warum ihn/sie?
- Was war der letzte Film, den Sie gesehen haben? Was hat Ihnen gefallen und was hat Sie verwirrt?
- Welche Fähigkeit würden Sie gerne beherrschen?
- Wie lautet der Name deines Lieblingsbuchs?
- Wie lautet der Name Ihres Lieblingsfilms?
- Was war der schönste Urlaub, den Sie je hatten?
- Welche Superkraft würdest du gerne besitzen?
- Sammeln Sie etwas?
- Wenn ein Tag aus 25 Stunden bestünde, was würden Sie in der zusätzlichen Stunde tun?
- Welches Lied singen Sie gerne beim Karaoke?

- Wenn du ein Tier sein könntest, welches würdest du wählen? Warum?

- Welcher Prominente ist Ihnen Ihrer Meinung nach am ähnlichsten?

- Welches ist der seltsamste Gegenstand, den Sie benutzt haben?

- Gibt es jemanden, der Ihre Arbeit besonders beeinflusst hat?

- Was ist der nützlichste Ratschlag, den Sie für Ihre Karriere erhalten haben?

- Was ist Ihre Lieblingsbeschäftigung?

Welche Themen helfen, ein Gespräch in Gang zu halten?

Es ist nützlich zu wissen, wie man eine Diskussion beginnt, aber es ist auch wichtig, die Themen zu kennen, die den Dialog erleichtern können. Im Folgenden finden Sie einige der beliebtesten Themen:

Familie

Fragen Sie ruhig nach Brüdern, Schwestern, Kindern und sogar Haustieren. Die Menschen sind immer bereit, offen über ihre Verwandten zu sprechen, solange die Fragen nicht zu persönlich sind.Dieses Thema eignet sich zum Beispiel hervorragend für eine Happy Hour.

Zum Beispiel: "Welche Rasse ist Ihr Hund?".

Sport

Die Menschen sind sportbegeistert und teilen ihre Begeisterung gerne mit anderen. Sie könnten sich über ihre Lieblingssportmannschaften, -wettbewerbe und -veranstaltungen informieren, die sie gerne verfolgen.

Zum Beispiel: "Hast du den Elfmeter gesehen, den die USA gegen Portugal geschossen haben?".

Anzeigen

Für viele Menschen ist Unterhaltung im Zeitalter von On-Demand-Inhalten und erfolgreichen Fernsehsendungen ein wichtiges Gesprächsthema.

Fragen Sie jemanden nach seiner Lieblingssendung oder -serie, und Sie werden sehen, dass das Gespräch schnell in Gang kommt."Hast du den neuesten Superheldenfilm gesehen?" zum Beispiel. Oder: "Hast du gestern Abend die Grammy-Verleihung gesehen?"

Nachrichten

Wenn Sie über die Ereignisse in der Welt auf dem Laufenden sind, fällt es Ihnen leichter, ein Gespräch mit Fremden und Bekannten zu beginnen. Sie können immer ein Gespräch beginnen, indem Sie lokale oder globale Ereignisse erwähnen. In der Regel ist es jedoch besser, Nachrichten und Meinungen aus dem Arbeitsumfeld herauszuhalten.

"Haben Sie von dem mutigen Hund gehört, der einen jungen Mann aus dem Feuer gerettet hat?", zum Beispiel.

Job

Viele Menschen sprechen gerne über ihre Arbeit und werden wahrscheinlich auch über ihre Rolle im Unternehmen sprechen. Unabhängig davon, ob Sie mit jemandem in Ihrem Unternehmen sprechen oder jemanden, den Sie gerade erst kennengelernt haben, werden Sie wahrscheinlich eine Antwort auf die Frage nach seinen beruflichen Aufgaben erhalten.

"Verwalten Sie gerne Treuhandkonten?", zum Beispiel.

Zu vermeidende Themen

Bei der Aufnahme eines Gesprächs im Büro gibt es einige Themen, die man vermeiden sollte. Zu intime oder heikle Fragen zu stellen, könnte ein Gespräch auf dem falschen Fuß beginnen. Es geht darum, unangenehme Gespräche zu vermeiden, die andere irritieren könnten.

Hier sind die Themen, die am besten vermieden werden sollten:

- Leistungen oder Gehalt
- Politik
- Religion
- Alter
- Aktuelle Streitigkeiten

- Gerüchte

Bleiben Sie in einem angenehmen Tonfall und bauen Sie eine positive Beziehung zu Ihrem Mitarbeiter oder Kollegen auf.

Tipps für den Gesprächseinstieg

Positive Körpersprache verwenden

Lächeln Sie, stellen Sie Augenkontakt her und bewahren Sie eine selbstbewusste Haltung, damit sich Ihr Gesprächspartner wohl fühlt. Achten Sie auch auf die Körpersprache Ihres Gegenübers: Wenn Sie den Eindruck haben, dass er verschlossen und nicht ansprechbar ist, sollten Sie ihm seinen Freiraum lassen.

Genau zuhören

Aktives Zuhören bedeutet, sich ganz auf den Sprecher zu konzentrieren und auf seine Äußerungen zu reagieren. Durch aufmerksames Zuhören können Sie die während des Gesprächs ausgetauschten Fakten verstehen und sinnvoll darauf reagieren; dies hilft Ihnen, Vertrauen und ein gutes Verhältnis zu Ihrem Gesprächspartner aufzubauen.

Selbstvertrauen haben

Die Aufnahme eines Gesprächs kann in vielen Fällen beängstigend sein. Seien Sie sich bewusst, dass die Person, mit der Sie das Gespräch beginnen, wahrscheinlich dankbar für Ihre Freundlichkeit ist und vielleicht das Eis mit Ihnen brechen wollte.

Wenn man neue Leute kennenlernt, ist es ganz natürlich, dass man sich Sorgen macht oder Angst hat, aber die Vorteile, die man hat, wenn man neue Leute kennenlernt und sein soziales Netzwerk aufbaut/erweitert, überwiegen bei weitem die Risiken.

Holen Sie "Kontaktinformationen" ein und führen Sie Folgeanrufe durch.

Erwägen Sie den Austausch von Visitenkarten oder geben Sie einfach Ihre E-Mail-Adresse oder Telefonnummer an, wenn Sie auch nur das vage Gefühl haben, dass Ihr Gespräch gut gelaufen ist und in Zukunft wiederholt werden kann.

Auf diese Weise könnten Sie Ihren Gesprächspartner erneut kontaktieren und ihm/ihr einfach die Wahrheit sagen: Es hat Ihnen Spaß gemacht, ihn/sie kennenzulernen.

Sie können dann das Gespräch fortsetzen und dabei Informationen aus dem vorherigen Gespräch verwenden, um Ihre Aufmerksamkeit und Ihr Interesse zu zeigen.

KAPITEL 8

WIE MAN EIN GESPRÄCH BEENDET

E ine der größten Freuden im Leben besteht darin, eine angenehme und anregende Unterhaltung zu führen. Aber leider geben uns nicht alle Interaktionen diese Gefühle: einige schaden mehr als sie nützen.

Das ist der Fall bei narzisstischen Gesprächen, bei denen man mit jemandem festsitzt, der die Konversation als Monolog perfektioniert hat. Oder wenn Sie ständig von einem unausstehlichen Kollegen oder einem Nachbarn unterbrochen werden, der sich über die neuen Kantinenkosten beschwert oder poetisch über die Vorteile eines Kia spricht.

Oder es kann vorkommen, dass Sie auf einer Party oder bei einem Networking-Event in einem Gespräch "stecken" bleiben.

Selbst wenn die Unterhaltung angenehm ist, fragen Sie sich vielleicht, was Sie verpassen, wenn Sie sehen, wie sich andere Gäste anderswo im Haus amüsieren.

Und schließlich haben Sie vielleicht etwas Dringendes zu tun und haben einfach keine Zeit für ein Gespräch, obwohl Sie es gerne hätten.

Wenn wir versuchen, mehr Gespräche von Angesicht zu Angesicht zu führen und uns die Zeit nehmen, den Menschen zuzuhören, werden wir alle davon profitieren.

Es gibt jedoch Gelegenheiten, bei denen der Diskurs ins Stocken gerät und/oder wir weitergehen müssen. Dann stellt sich unweigerlich das Problem: Wie können wir ein Gespräch beenden, ohne uns zu unwohl zu fühlen oder dem anderen gegenüber unhöflich zu erscheinen?

Es ist nicht einfach: Einen Streit zu beenden, bedeutet, eine Reihe negativer Verhaltensweisen auszulösen, wie z. B. nicht mehr zu reden und sich zurückzuziehen. Selbst wenn Ihre Absichten gut sind, könnte die Person glauben, dass Sie sie ignorieren.

Es schadet wenig, wenn es sich um jemanden handelt, den Sie nie wieder sehen werden (obwohl es besser ist, ein Gespräch nicht ganz zu beenden, da wir nicht wissen können, ob wir diese Person wiedersehen werden), aber wenn es sich um einen Bekannten handelt, möchten Sie ein zukünftiges Treffen nicht verkomplizieren.

Es gibt kein Patentrezept für die höfliche Beendigung einer Begegnung. Es gibt jedoch verschiedene Maßnahmen, die man ergreifen kann, um dies so transparent und respektvoll wie möglich zu tun, um das Unbehagen zu verringern, die Gefühle des anderen nicht zu verletzen und die Beziehung zu jemandem, der in Zukunft für uns interessant sein könnte, nicht irreparabel zu ruinieren.

Viele dieser Tipps gelten sowohl für persönliche als auch für telefonische Vorstellungsgespräche.

Egal, ob Sie zu einer Party, einem Networking-Event oder einfach nur zur Toilette gehen, stellen Sie sicher, dass Sie ein klares Ziel vor Augen haben; versuchen Sie immer zu verstehen, was Ihnen wichtig ist und was Sie erreichen wollen. Möchten Sie ein romantisches Treffen organisieren? Mit jemandem Kontakt aufnehmen, der Ihnen bei der Neugestaltung Ihrer Website helfen kann? Oder wollen Sie einfach nur auf die Toilette gehen?

Immer, wenn Sie zu einem Gespräch gezwungen werden, geraten Sie vielleicht in einen Konflikt, weil Sie die Gefühle des anderen nicht verletzen wollen, aber woanders hingehen sollten/würden.

Wie man das macht? Warten Sie, bis das Gespräch zu einer Pause kommt. Ausdrücke wie: "Gut." "OKAY." "Wie auch immer." "Also" deuten auf einen Wendepunkt im Gespräch hin.

Bei diesen Gelegenheiten kann ein neues Thema aufgeworfen werden oder das Gespräch zu Ende gehen. Dies ist also der Moment, in dem Sie sich zurückziehen müssen; dies ist der Moment, in dem Sie schnell zu Ihrer Fluchtlinie wechseln. "Also, hören Sie, es war sehr nett, sich mit Ihnen zu treffen..."

Um das Gespräch höflich zu beenden, fassen Sie zusammen, warum Sie sich überhaupt getroffen haben. Haben Sie das Gespräch mit der Bitte um einen Vorschlag für einen Kurs begonnen? "Nun, ich weiß den Vorschlag zu schätzen", könnten Sie am Ende sagen. "Ich werde mich bemühen, mich während der Zulassungsfrist für diesen Kurs anzumelden." Sie sprachen darüber, wie Sie ein Problem bei der Arbeit lösen können? "Vielen Dank für den neuen Kontakt, den Sie mir vermittelt haben." "Ich werde Jim heute Nachmittag eine E-Mail schicken, um herauszufinden, was los ist."

Seien Sie vor allem ehrlich, wenn es darum geht, einen Ausstiegssatz zu wählen. Selbst wenn Sie versucht sind, Erklärungen zu erfinden, um Ihren Rückzug zu rechtfertigen, sollten Sie dies lieber vermeiden, weil wir unehrlich erscheinen könnten und weil es kompliziert wäre, unsere Handlungen zu rechtfertigen, wenn die Wahrheit später ans Licht käme.

Wenn Sie sich auf das konzentrieren, was Sie zu tun haben, wird Ihr Rückzug nicht als Verurteilung der anderen Person erscheinen - es geht nicht um sie, sondern um Sie.

Hier sind einige Beispiele für Ausstiegssätze (denen fast immer ein "Na ja..." vorausgehen wird):

- Bevor der Film beginnt, muss ich mir einen Platz suchen und auf die Toilette gehen.
- Bevor ich gehe, möchte ich dem Referenten eine Frage stellen.
- Ich muss zurück an die Arbeit. Ich habe eine Frist, die ich vor Mittag einhalten muss.
- Ich möchte alle Anwesenden grüßen.
- Ich muss nach Hause kommen und das Abendessen für die Kinder vorbereiten.
- Ich hoffe, dass ich die romantische Kunstausstellung sehen kann, bevor sie endet.

Wenn Sie hingegen das Gespräch begonnen haben, es aber beenden möchten und Sie nichts Bestimmtes erreichen wollen, verwenden Sie einen Satz, der darauf hinweist, dass Sie etwas abgeschlossen und Ihr

Ziel erreicht haben (das Wort "nur" wird ein großer Freund von Ihnen sein): "Also, ich wollte nur noch einmal überprüfen, ob alles in Ordnung ist"; "Ich wollte nur sehen, wie es mit der neuen Stelle läuft".

Wenn die andere Person das Gespräch mit der Bitte um Hilfe oder Rat begonnen hat, schließen Sie es mit einer Frage ab:

- Kann ich sonst noch etwas für Sie tun?
- Kann ich Ihnen sonst noch mit irgendetwas helfen?

Wenn der soeben erteilte Rat nicht anwendbar ist, warten Sie einfach einen Moment des Stillstands im Gespräch ab und bestätigen Sie dann:

- Es war wundervoll, mit Ihnen wieder vereint zu sein.
- Auf jeden Fall war es schön, Sie wiederzusehen.

Vor allem die Verwendung der Vergangenheitsform signalisiert dem Gesprächspartner, dass der Dialog beendet ist.

Andere Formulierungen für einen höflichen Abschied können sein:

- Auf jeden Fall möchte ich nicht Ihre ganze Zeit in Anspruch nehmen.
- Wir sollten besser gehen, ich möchte Sie nicht von Ihrer Arbeit abhalten.

Solche Sätze sollten jedoch nur dann verwendet werden, wenn Ihr Gesprächspartner seine Absicht zum Ausdruck bringt, das Land zu verlassen, oder wenn Sie um Worte verlegen sind. Sie laufen Gefahr, arrogant zu klingen, weil diese Worte kein Bedauern über Ihren Weggang ausdrücken. Sie laufen auch Gefahr, dass sie als verzweifelter Fluchtversuch interpretiert werden.

Wenn einer der oben genannten Sätze nicht funktioniert, versuchen Sie, Ihren Gesprächspartner jemand anderem vorzustellen. "War nett, mit Ihnen zu reden, Paul. Ich möchte Sie gerne jemand anderem vorstellen. Sam, einer meiner Freunde hier, arbeitet in der Softwareentwicklung".

Rufen Sie Ihren Freund oder Ihre Freundin an oder gehen Sie auf ihn/sie zu. "Ich lasse euch einander kennenlernen", können Sie sagen. Sie sollten diese Strategie nur anwenden, wenn Sie sicher sind, dass beide Parteien von der Beziehung profitieren würden. Es wäre nicht fair, eine Person gegenüber einer anderen als langweilig oder "falsch" erscheinen zu lassen, nur um einer schwierigen Situation zu entgehen.

Eine andere Strategie, die besonders bei Networking-Veranstaltungen nützlich ist, besteht darin, Ihren Gesprächspartner zu bitten, Sie jemand anderem vorzustellen. Sie könnten die andere Person zum Beispiel fragen, ob sie jemanden kennt, der Ihnen bei einem Problem helfen kann:

- Kennen Sie jemanden, der mit Jungen gearbeitet hat?
- Kennen Sie jemanden, der etwas Ähnliches gemacht hat?
- Wie fängt man am besten an?
- Kennen Sie jemanden, der so etwas gemacht hat?
- Können Sie jemanden empfehlen, der mich bei diesem Projekt unterstützen kann?

Wenn Ihr Gesprächspartner jemanden kennt, der Ihnen bei Ihrem Anliegen helfen kann, wird er Sie höchstwahrscheinlich mit ihm bekannt machen.

Wenn nicht, können Sie jederzeit die Gelegenheit nutzen und sagen: "Nun, ich muss jemanden finden, der mir dabei hilft". In jedem Fall haben Sie sich höflich aus dem Gespräch verabschiedet.Die Person einzuladen, mit Ihnen an einer Aktivität teilzunehmen, könnte auch eine gute Technik sein, um das Gespräch zu unterbrechen, ohne dass sich der Gesprächspartner verlassen fühlt, und ihm das Gefühl zu geben, dass er/sie erwünscht ist.

- Ich bin bereit für einen weiteren Drink. Möchten Sie sich zu mir an die Bar setzen?
- Ich würde gerne die Picasso-Ausstellung besuchen. Möchten Sie mit mir kommen?
- Werfen wir einen Blick auf das Buffet.
- Mike, einer meiner Freunde, hat gerade den Raum betreten. Lass uns hallo sagen, ich werde dich ihm vorstellen.

Lehnt die Person Ihre Einladung ab, könnte Ihre Interaktion offiziell beendet werden. Wenn das Angebot angenommen wird, können Sie den Moment nutzen, um mit anderen Personen zu sprechen und die Situation zu beleben.

Wenn sich andere an der Unterhaltung beteiligen, treten Sie einen Schritt zurück und verlassen Sie das Gespräch erst dann, wenn sich andere Personen an der Unterhaltung beteiligt haben.

Ein letzter Tipp ist, Dankbarkeit zu zeigen. Debra Fine beschreibt Dankbarkeit als "eine Ergänzung mit Abschluss". Ziehen Sie ein positives Resümee des Gesprächs, danken Sie der Person für ihre Zeit, ihr Fachwissen oder einfach dafür, dass sie interessant ist, und seien Sie ehrlich - sagen Sie es nur, wenn Sie es ernst meinen.

Nennen Sie die Person beim Namen, um eine letzte Vertrauensebene zu schaffen (und um ihren Namen in Ihrem Gedächtnis zu verankern, wenn es sich um eine neue Bekanntschaft handelt).

Diese Art der Begrüßung sorgt dafür, dass Sie sich mit einer positiven Note verabschieden.

- Sean, danke, dass Sie Ihre Ansichten über das Jurastudium geteilt haben. Das war sehr hilfreich bei meiner Entscheidung.
- Sarah, es war schön, dich wiederzusehen. Ich habe schon lange nicht mehr so viel gelacht.
- Dan, ich weiß es zu schätzen, dass Sie Ihre Ansichten zu diesem Thema mitteilen. Ich werde mich so schnell wie möglich damit befassen.

Wenn Ihnen das Gespräch nicht gefallen hat und Sie beim nächsten Treffen mit Ihrem Gesprächspartner kein neues beginnen wollen, unterbrechen Sie ihn einfach mit einer der oben genannten Ausstiegsmöglichkeiten, gefolgt von einem einfachen "OK, auf Wiedersehen" oder etwas Ähnlichem.

Ein Lächeln oder ein Händedruck vor der Verabschiedung verleiht dem Gespräch einen Hauch von persönlicher Wärme, ebenso wie das

Nennen des Namens des Gesprächspartners. Sobald Sie sich die Hände geschüttelt haben, beginnen Sie, sich körperlich von der anderen Person zu entfernen, um zu verhindern, dass das Gespräch wieder aufgenommen wird.

Um die Beziehung aufrechtzuerhalten, können Sie Ihrem Gesprächspartner jedoch mitteilen, dass Sie ihn/sie gerne wiedersehen würden, und um Kontaktaufnahme bitten: eine Telefonnummer, eine E-Mail-Adresse oder eine Visitenkarte sind gute Hilfsmittel.

Sie können auch genaue Absprachen darüber treffen, wann Sie miteinander sprechen bzw. sich wieder treffen werden, wenn Sie der Meinung sind, dass das Treffen gut gelaufen ist, obwohl Sie sich jetzt einer anderen Tätigkeit widmen möchten.

"Das Kardinalgesetz des Ausstiegs", so Fine, "besteht darin, das zu tun, was Sie nach dem Gespräch versprochen haben.

Ihr Gesprächspartner wird sich im Stich gelassen fühlen und merken, dass Sie gelogen haben, wenn Sie ihm sagen, dass Sie noch einen Platz suchen müssen, bevor der Unterricht beginnt, sich dann aber zehn Meter entfernen und mit jemand anderem zu plaudern beginnen.

Ähnlich verhält es sich, wenn Sie so tun, als müssten Sie mit jemandem reden, dann aber auf der Party auftauchen und sich amüsieren wollen: Der andere fühlt sich verhöhnt, verunglimpft und beleidigt.

Letzten Endes kann die Anwendung der oben genannten Taktiken unangenehme Situationen und unangemessene Gefühle vermeiden undeine Beziehung verbessern, auf die man in Zukunft zurückkommen kann.

Wenn Höflichkeit nicht funktioniert oder Sie bemerken, dass die andere Person sich unangenehm verhält und keine Aufmerksamkeit und Freundlichkeit verdient, können Sie jederzeit selbstbewusst sein, indem Sie der Person einen guten Tag wünschen und gehen.

Zeit ist viel wertvoller als Geld. Lassen Sie sie sich nicht wegnehmen.

KAPITEL 9
PAUSEN IN EINEM GESPRÄCH

Wählen Sie, wie Sie sich fühlen, wenn Sie sich in einem "unangenehmen Gespräch" befinden: In Ihrem Körper staut sich Wut an, sodass Sie giftige Worte ausspucken, die die Gefühle Ihres Gesprächspartners verletzen. Während Sie reden, merken Sie, dass Sie aufhören sollten, aber Sie können es nicht.

Oder denken Sie an eine Situation, in der Sie sich schwer getan haben, etwas Nettes und Freundliches zu sagen, aber Ihr Gesichtsausdruck verrät, was Sie wirklich fühlen und denken. Vielleicht sind Sie dieses Mal nicht derjenige, der das Problem verursacht...., vielleicht wurden Sie von Ihrem Gesprächspartner schlecht behandelt.

 Das sind keine guten Gespräche, an denen man teilnehmen sollte, egal ob man der Sprecher oder der Empfänger ist, und sie sind selten fruchtbar. Welche Möglichkeiten haben Sie also?

In manchen Fällen kann es hilfreich sein, eine Gesprächspause einzulegen, einen Schritt zurückzutreten und sich neu zu orientieren, bevor die Diskussion fortgesetzt wird. Eine Neuordnung der Gedanken und ein Zurückstellen der Emotionen, die das Gespräch beherrschen, kann die einzige Lösung sein, um einen endgültigen Bruch in der Beziehung zu vermeiden. Hier sind einige Tipps, wann und wie man eine Gesprächspause einlegt.

WISSEN, WANN ES ZEIT IST, EINE PAUSE ZU MACHEN.

Wenn Sie den Eindruck haben, dass das Gespräch nicht den erwarteten Verlauf nimmt und dies negative Auswirkungen auf Ihre zwischenmenschlichen Beziehungen haben könnte, dann stellen Sie sich folgende Fragen:

- Sage ich immer wieder das Gleiche?
- Unterbreche ich meinen Gesprächspartner oft, um mich zu rechtfertigen oder um etwas zu sagen?
- Benutze ich meine Worte unhöflich? (fluchen, den anderen beleidigen)
- Denke ich darüber nach, was ich als Nächstes sagen werde, anstatt auf das zu hören, was mir gesagt wird?
- Schreie ich, schreie ich oder greife ich andere körperlich an?

Wenn Sie auf einige dieser Fragen mit "Ja" geantwortet haben, sollten Sie vielleicht eine Pause einlegen. Wenn Sie die letzte Frage mit "Ja" beantwortet haben, dann brauchen Sie dringend eine Pause.

Versuchen Sie, nicht nur an Ihr eigenes Verhalten zu denken, sondern versetzen Sie sich auch in die Lage der anderen und versuchen Sie zu verstehen, was nicht nur ihre Worte, sondern auch ihre Handlungen bedeuten:

- Ignorieren sie dich völlig oder schließen sie dich aus?
- Sagen sie einfach das, was Sie hören wollen, um das Gespräch zu beenden?

- Unterbrechen sie Sie oft, reden sie über Sie hinweg oder verändern sie Ihre Worte?

- Werden Sie verallgemeinert, entschuldigt, beschuldigt oder öffentlich gedemütigt, so dass Sie sich schämen?

- Rufen sie, schreien sie, beschimpfen sie dich, machen sie dir Angst, schüchtern sie dich ein oder verletzen sie dich körperlich?

Wenn Sie eine dieser Fragen mit "Ja" beantwortet haben, sollten Sie das Gespräch abbrechen.

Ein weiteres Zeichen, das Ihnen helfen kann, zu erkennen, wann es Zeit für eine Pause ist, ist der Verlauf und der Inhalt des Gesprächs:

- Hat der Diskurs aufgehört? Sagen Sie beide immer wieder das Gleiche, ohne neue Erkenntnisse oder Antworten?

- Konzentrieren Sie sich nicht auf das eigentliche Thema?

- Handelt es sich bei den angesprochenen Punkten um grobe Verallgemeinerungen mit Begriffen wie "immer", "nie", "alle" und "keine"?

Wenn Sie eine dieser Fragen mit "Ja" beantwortet haben, müssen Sie das Gespräch möglicherweise unterbrechen.

WIE KANN MAN AM BESTEN EINE PAUSE EINLEGEN?

Wer ist noch nie mit einem wütenden Gesprächspartner konfrontiert worden, der einen ansieht und schreit: "ICH HABE GENUG!!!", aus der Tür geht und sie zuschlägt? Nach dieser Szene könnte die Person zurückkommen, was zu einer Situation führt, die von einem verlegenen und anklagenden Schweigen oder einem Strom von Entschuldigungen erfüllt ist.

Sie, der Sie immer noch wütend sind, könnten eine passiv-aggressive Haltung einnehmen (stellen Sie sich vor, Sie murmeln ständig vor sich hin oder schweigen, obwohl Sie angesprochen werden).

Diese Art, mit einem schwierigen Gespräch umzugehen, ist offensichtlich ineffektiv, aber wir tun es ständig. Beide Parteien sind immer noch wütend, und es gibt keine Struktur, keinen Abschluss und keine Regeln, die gelten. Schlimmer noch, die Probleme bleiben bestehen. Überlegen Sie stattdessen, was passieren würde, wenn eine Person um eine Gesprächspause bittet und einen Zeitpunkt für die Wiederaufnahme des Gesprächs vorschlägt, mit einem Plan, wie sie die Zeit während der Pause nutzen will, um die Dinge zu überdenken und zu reflektieren.

Ich weiß, dass das wichtig ist, aber ich muss jetzt von diesem Gespräch weg", könnte er sagen. Ich bin so genervt, dass ich nicht mehr klar denken kann. Ich gehe für eine Stunde ins Fitnessstudio und plane, um 19 Uhr zurück zu sein.Das würde mir eine Atempause verschaffen, damit ich mit frischem, freiem Kopf das Problem lösen kann".Diese Einstellung würde viel besser funktionieren als die vorherige Situation.

Hier sind einige Vorschläge:

1. Wenn Sie merken, dass sich ein hitziges Gespräch anzubahnen droht, weil Sie vielleicht schon lange mit einem heiklen Thema konfrontiert

sind, es aber immer wieder aufgeschoben haben, besprechen Sie mit Ihrem Gesprächspartner die Möglichkeit, eine "Pause" einzulegen, um die eigenen Gedanken und die des anderen in aller Ruhe und ohne den negativen Einfluss allzu ungestümer Gefühle zu reflektieren.

2. Wenn Sie um eine Pause bitten, kann es hilfreich sein, eine der folgenden Aussagen zu verwenden: "Ich fühle..." (Gefühl). Ich brauche dringend eine Pause. Ich werde jetzt etwas tun (Aktivität) und komme dann (jetzt) zurück, um unsere Diskussion fortzusetzen".

3. Es ist wichtig, dass die Pause nur für sich selbst genommen wird. Zu sagen: "Du scheinst immer wütender zu werden. Es wird Zeit, dass du eine Pause machst und dich beruhigst", kann anklagend wirken und die Beziehung und die Annäherung der Konfrontation an eine gemeinsame Lösung untergraben.

4. Man kann dem anderen nicht verwehren, eine Pause zu machen, wenn man ausdrücklich das Bedürfnis danach äußert.

Es kann mühsam und eine Zeitverschwendung sein, zu warten, bis die andere Person in der besten Verfassung ist, um sich auf den Diskurs einzulassen, denn oft muss man über wichtige Dinge sprechen und die Zeit ist entscheidend, aber wenn man ein effektives Gespräch führen will, das nicht von negativen Stimmungen überwältigt wird, ist eine konstruktive Pause die einzige erfolgreiche Waffe.

Wenn Sie den Diskurs fortsetzen wollen, aber die andere Person um eine Pause gebeten hat, sollten Sie bedenken, dass es nichts bringt, im Gespräch zu bleiben.

5. Wenn Sie um eine Pause bitten, sollten Sie sich eine Frist setzen. Es ist ratsam, sich eine Pause von 5 bis maximal 24 Stunden zu gönnen, je nachdem, wie viel Zeit Sie Ihrer Meinung nach brauchen, um Ihre Gedanken zu sammeln, Ihre Gefühle zu beruhigen und zu versuchen, den Standpunkt der anderen Person zu verstehen.

6. Legen Sie eine Liste von Dingen fest, die Sie während der erforderlichen Pause tun wollen. Suchen Sie nach allem, was zum Abbau von körperlichem und emotionalem Stress beitragen kann: Bewegung, Schreiben, Musik, Meditation und andere Aktivitäten sind nur einige Beispiele.

7. Während der Pause sollten beide Parteien nachdenken. Versuchen Sie zu bedenken, was bis jetzt geschehen ist. Ist es möglich, dass Sie das, was die andere Person gesagt hat, missverstanden haben? Auch wenn Sie nicht einverstanden sind, sollten Sie versuchen, den Standpunkt der anderen Person zu verstehen und auch Ihr eigenes Verhalten zu hinterfragen. Gibt es etwas, wofür Sie sich entschuldigen sollten?

Versuchen Sie zu überlegen, wie Sie das, was Sie mitteilen wollen, so ausdrücken können, dass die andere Person es verstehen kann. Gibt es eine gemeinsame Basis, die erreicht werden kann, oder scheinen Annäherung und Beschwichtigung unerreichbar zu sein?

8. Kommen Sie zur vereinbarten Zeit zum Gespräch zurück; dieses Verhalten schafft Vertrauen in die Beziehung. Wenn Sie immer noch zu frustriert sind, gehen Sie zu Ihrem Gesprächspartner und erklären

Sie ihm, dass Sie mehr Zeit brauchen: Das Wichtigste ist, dass Sie es ihm von Angesicht zu Angesicht sagen.

KAPITEL 10

GESPRÄCHE VON ANGESICHT ZU ANGESICHT VS. GRUPPENGESPRÄCHE

E s gibt viele gesellschaftliche Anlässe, bei denen man sich eher mit einer Gruppe von Personen als mit einer einzelnen Person unterhält.

Hier sind einige Szenarien: eine Mittagspause mit Ihren Kollegen in einem Café am Arbeitsplatz oder an der Universität; eine Zigarettenpause mit Ihren Kollegen oder Klassenkameraden; eine Autofahrt mit Ihren Freunden oder sogar eine Geburtstagsfeier.

Wenn nur zwei Personen an einem Gespräch beteiligt sind, haben Sie mehr Kontrolle über die Situation; in einer Gruppe kann Ihre Stimme jedoch von den anderen übertönt werden.

Heißt das, dass Sie Gruppeninteraktionen vermeiden sollten?

Ganz und gar nicht!

Wenn Sie solche Umstände vermeiden, verpassen Sie nämlich Gelegenheiten, andere zu treffen, und wichtige Beziehungsmöglichkeiten.Der Trick bei der Bewältigung sozialer Interaktionen in Gruppen besteht darin, zu wissen, wann und was man sagen sollte, um die Gefahr, übersehen zu werden, zu verringern und die Chancen zu maximieren, die eigene Redegewandtheit zu verbessern.

Lesen Sie dieses Kapitel weiter, um aus meiner eigenen Erfahrung zu lernen.Im Laufe der Jahre habe ich mich in vielen Gruppengesprächen wiedergefunden: in einem Sitzungssaal während einer geschäftlichen Besprechung; in einem Restaurant mit meinen Kollegen; auf den Laufstegen der Universität, wo ich mich mit den Hausmeistern unterhielt; in den Pausen mit einigen meiner Freunde an der Universität...

Die Liste ließe sich beliebig fortsetzen.

Der problematische Aspekt dieser sozialen Situationen tritt dann auf, wenn die Menschen ihrer Unwissenheit in Bezug auf Beziehungen freien Lauf lassen.

Die Leute warten nur darauf, Sie in einer Gruppe abzuschneiden!

Viele Menschen sind an dem, was Sie zu sagen haben, desinteressiert, weil sie unbedingt reden wollen und sich nicht ausgeschlossen fühlen wollen.

Jedes Szenario ist einzigartig, und ich behaupte keineswegs, dass alle Gruppendiskussionen in einer chaotischen Umgebung stattfinden, in der jeder für sich selbst spricht, anstatt sich mit anderen auseinanderzusetzen.

Die Welt könnte nicht existieren, wenn es so wäre!

Doch der Geist des Wettbewerbs treibt uns an. Die meisten Menschen sagen, was sie zu sagen haben, sobald sie die Gelegenheit dazu haben; sie haben das Gefühl, schnell sprechen zu müssen, um nicht Gefahr zu laufen, von jemand anderem aufgehalten zu werden!Ganz anders sieht es aus, wenn man sich mit einer Einzelperson unterhält.

Man fühlt sich nicht so sehr unter Druck gesetzt, seine Gedanken zu Ende zu denken, und hat mehr Zeit, sich verbal auszudrücken.

Andererseits sind die Menschen in Gruppen weniger geduldig. Solange wir also nicht äußerst effektiv sprechen und das, was wir sagen wollen, kurz und korrekt vermitteln können, wird es schwierig sein, ein Gespräch in einer Gruppe zu genießen, weil ein Element der Angst vorherrschen wird.

Filme oder Fernsehsendungen haben Ihnen vielleicht einen falschen Eindruck vermittelt! Gruppendiskussionen im wirklichen Leben sind nicht wie die im Fernsehen!

Wenn wir Fernsehsendungen oder Filme sehen, die einen Gruppendiskurs darstellen, läuft alles ganz anders ab. Alle sind so geduldig.

Wenn ein Gruppenmitglied das Wort ergreift, hören die anderen ihm aufmerksam zu und geben ihm ausreichend Zeit, sich zu erklären.

Jeder wird mit Respekt behandelt und jeder schafft es, seinen eigenen Raum zu bekommen.

Wenn dies im wirklichen Leben der Fall wäre, würde es niemandem schwerfallen, sich mit anderen zu unterhalten, weil er von seinen Gesprächspartnern Rücksichtnahme, Verständnis und Unterstützung erhält!

Stattdessen müssen wir uns sehr anstrengen, um in einer Menschenmenge verstanden und gehört zu werden. Ganz gleich, wie sozial intelligent Ihr Zuhörer ist, es wird immer jemanden geben, der dem, was Sie sagen, wenig Aufmerksamkeit schenkt.

Natürlich gibt es Situationen, in denen die oben genannten Aspekte nicht empirisch fundiert sind, z. B. bei Interaktionen mit der Familie oder engen Freunden.

In diesem Kapitel beziehe ich mich jedoch auf andere Situationen, wie z. B. solche, die sich im Arbeits- oder Schulumfeld entwickeln, wo man einfach versucht, sich in ein Gespräch zu integrieren und sich zu stabilisieren, akzeptiert zu werden und sich als Teil einer Gruppe zu fühlen.

Und da es uns schwerfällt, auf einer allgemeinen Ebene zu kommunizieren, wenn wir uns nicht wohl fühlen, ist es zehnmal schwieriger, in einer Gruppe zu sprechen.

Plötzlich spürt man die Augen der anderen, die Angst steigt, man schwitzt und der Herzschlag erhöht sich. Kein Wunder also, dass solche Gruppensituationen die schwierigsten sind

Neben den verschiedenen Nachteilen gibt es aber auch positive Aspekte, die zu berücksichtigen sind, nicht zuletzt um zu vermeiden, dass man sich selbst einschließt und einsam wird.

Lassen Sie uns also einen Blick darauf werfen, was Sie das nächste Mal tun sollten, wenn Sie sich in einer Gruppeninteraktion befinden.

- STRATEGIE #1: Planen Sie die Rede

Nehmen wir an, es geht um Hochleistungsfahrzeuge.Sie haben nicht viel Zeit, um zu überlegen, was Sie in einem persönlichen Gespräch sagen sollen. Vielleicht wird Ihnen eine Frage gestellt, auf die Sie keine Antwort wissen, und Sie sind sprachlos.

Außerdem sollten Sie beim Chatten mit jemandem sprechen, ohne zu viel nachzudenken, sonst wirkt Ihre Rede gezwungen und Sie geraten in den so genannten "Schreibmodus", der Sie in letzter Konsequenz sprachlos werden lässt.Stattdessen ist es in einem Gruppengespräch einfacher, genau zu planen, was Sie sagen werden, während die anderen reden, Sie müssen nur den idealen Zeitpunkt wählen, um das Ihre zu sagen.

Im Gegensatz zu Gesprächen von Angesicht zu Angesicht ist die Planung einer Rede eine nützliche Technik für Gruppengespräche, da man Zeit dafür hat, während ein spontanes Sprechen wegen des zusätzlichen Stresses viel schwieriger wäre.

- STRATEGIE #2: Den richtigen Zeitpunkt wählen

Wenn Sie in einer Gruppe von z. B. fünf Personen sind und nicht wissen, wie Sie das Eis brechen sollen, oder wenn das bereits begonnene Gespräch ins Stocken geraten ist, können Sie das Eingreifen der anderen ausnutzen und warten, bis sie das Wort ergreifen, um dann wieder in das Gespräch einzusteigen.

Sie müssen nichts sagen, es sei denn, jemand stellt Ihnen eine direkte Frage. Das ist ein zusätzlicher Vorteil im Vergleich zu einem persönlichen Gespräch, bei dem Sie dringend versuchen müssen, Ihrem Gesprächspartner etwas zu sagen, um das Gespräch nicht abbrechen zu müssen!

In einer Gruppe wird immer jemand dafür sorgen, dass die Diskussion fortgesetzt wird, sodass Sie warten können, bis Sie sicher sind, dass Sie etwas sagen können - und Sie werden viel Zeit haben, um zu planen, was Sie sagen wollen.

- STRATEGIE #3: Wählen Sie eine gute räumliche Anordnung

Ihre körperliche Veranlagung innerhalb der Gruppe ist eine weitere faszinierende Komponente der Sozialisierung.

Wenn Sie zum Beispiel neben jemandem stehen, der sich für nichts von dem, was Sie sagen, interessiert, wird es Ihnen viel schwerer fallen, zu sprechen - vor allem, wenn diese Person charmant ist und die Aufmerksamkeit des Publikums auf sich zieht.

Wenn ich mich in einer solchen Situation befände, würde ich mich sofort von dieser Person entfernen und zu jemandem gehen, der einladender ist, und mich so in eine schützende und positive Aura hüllen, die sicherstellt, dass mir jemand zuhört.Außerdem können Sie so sicherstellen, dass Sie jemanden zum Plaudern haben, wenn die Gruppendiskussion vorbei ist!

Wenn Sie z. B. nach einer Pause in die Klasse zurückkehren, können Sie ein kurzes Gespräch unter vier Augen mit der Person führen, die zuvor neben Ihnen saß.

Nun einige Tipps, wie Sie während einer Gruppendiskussion Ruhe bewahren können.

- TIPP 1: Nehmen Sie es nicht persönlich!

Ob Sie es glauben oder nicht, die meisten Menschen wollen Sie nicht beleidigen, wenn sie Sie unterbrechen oder über Sie sprechen, bevor Sie Ihre Aussage beendet haben

.Das Ego und der Wunsch, sich auszudrücken, sind Teil der menschlichen Natur; man sollte sich nicht zu sehr darüber aufregen.Denken Sie auch daran, dass dies ein Faktor ist, der oft zu Ihrem Vorteil sein kann!

Wenn die Leute sich beeilen, etwas zu sagen, unmittelbar nachdem Sie zu Ende gesprochen haben, sind sie vielleicht abgelenkt und bemerken nicht, dass Sie gerade einen Fehler gemacht haben, einen Fauxpas, eine Ablenkung Ihrerseits; daher kann die relationale Ignoranz der anderen in diesem Szenario eine gute Sache sein, oder?

- TIPP Nr. 2: Halten Sie Ihre Rede kurz und bündig!

Glauben Sie, dass trockene und knappe Antworten und elementare Formulierungen den Eindruck erwecken könnten, dass Sie verzweifelt und gewaltsam versuchen, zum Kern des Gesprächs vorzudringen?Das Gegenteil könnte nicht weiter von der Wahrheit entfernt sein!

94

Es ist wirklich das, was ein Gruppengespräch typischerweise erfordert: die Fähigkeit, das, was man sagen will, schnell auszudrücken, die eigenen Gedanken in kurzer Zeit zu äußern und andere zu Wort kommen zu lassen.

Wenn Sie die Dinge kurz und einfach halten, helfen Sie nicht nur sich selbst, sondern auch anderen!

- TIPP Nr. 3: Betrachten Sie eine Gruppendiskussion als Übung für öffentliches Sprechen!

Wenn Sie nervös und besorgt sind, weil Sie etwas vor anderen Menschen sagen müssen, und Sie denken, dass Sie schweigen sollten, denken Sie daran, dass das Öffnen des Mundes in einem solchen Szenario wirklich wie eine öffentliche Rede ist.

Die meisten Menschen haben Angst vor Situationen, in denen sie sich so exponiert fühlen.

Ich habe in einem akademischen Artikel gelesen, dass die Angst vor dem Sprechen in der Öffentlichkeit eine der häufigsten Sorgen von Menschen ist!

Wenn Sie sich also nicht wohl dabei fühlen, in der Mittagspause vor Kollegen etwas zu sagen, versuchen Sie sich einzureden, dass dies eine gute Übung ist, um Ihre Angst vor dem Sprechen in der Öffentlichkeit zu überwinden.

Versuchen Sie, sich auf das zu konzentrieren, was Sie sagen wollen, und versuchen Sie, die Menschen um Sie herum zu ignorieren, indem

Sie einfach etwas sagen, ohne darüber nachzudenken, ob es richtig oder falsch ist.

Sprechen Sie einfach aus, was Sie sagen wollen, und erinnern Sie sich: "Es ist mir egal, was andere von dem halten, was ich sage, denn es ist einfach das, was ich denke und sagen will!

KAPITEL 11
ÜBERWINDUNG DES HINDERNISSES:
SOZIALE ÄNGSTE

D ie soziale Angststörung, wie sie gemeinhin definiert wird, wird oft missverstanden, und viele Menschen leiden im Stillen darunter, weil sie Angst haben, beurteilt zu werden.

Es ist viel mehr als nur Schüchternheit und die Abneigung, in großen Gruppen zu sprechen, es hat die Fähigkeit, den Alltag völlig zu beherrschen und zu behindern.

Das Haus zu verlassen, zu telefonieren oder einzukaufen kann stressig und schwierig sein.

Nach Angaben von Anxiety Care UK ist die soziale Angst eine weit verbreitete und belastende Störung, von der bis zu 40 % der Bevölkerung betroffen sind.

Ängste oder soziale Phobien können eine Vielzahl von Folgen haben und sogar zu selbst auferlegten und ungerechtfertigten Schuldgefühlen führen. Menschen, die bei der Arbeit erfolgreich sind, machen sich zum Beispiel Sorgen, dass sie ihre Kollegen übertreffen könnten.

Betroffene versuchen, soziale Ereignisse so weit wie möglich zu vermeiden. In einer kürzlich durchgeführten Studie wurde bei etwa 20 % der Betroffenen ein Zusammenhang zwischen sozialer Angst und

Alkohol- oder Drogenabhängigkeit festgestellt. Den Untersuchungen zufolge sind Frauen stärker von sozialen Ängsten betroffen.

Junge Menschen mit sozialen Ängsten

Selbst die einfachsten Dinge können schwierig sein, wenn man unter Angstzuständen leidet und Angst vor sozialen Interaktionen hat. Nach Angaben der Anxiety and Depression Association of America leiden fast 15 Millionen Menschen in den Vereinigten Staaten an dieser Störung.

Junge Heranwachsende, die sich im Übergang zur weiterführenden Schule oder zum College befinden, sind besonders anfällig. Man sagt, dass die Symptome der sozialen Angststörung etwa im Alter von dreizehn Jahren beginnen.

Angststörungen sind weit verbreitet, und das National Institute of Mental Health schätzt, dass jedes Jahr 18 % der erwachsenen Bevölkerung darunter leiden.

Man kann davon ausgehen, dass wir uns alle mindestens einmal im Leben wegen einer Präsentation oder einer ersten Verabredung verurteilt, beschämt oder ängstlich gefühlt haben, aber die Betroffenen haben echte Schwierigkeiten, ein persönliches, soziales und berufliches Leben zu führen, das als normal angesehen wird.

Die gute Nachricht ist, dass Sie neue Verhaltensweisen lernen können, die Ihnen helfen, mit Ihrer sozialen Angst umzugehen und sie zu überwinden.

Wie man mit sozialer Angst umgeht

- TIPP 1: Analysieren Sie Ihre negativen und ängstlichen Gedanken

Manchmal scheint es, als könnten wir nur wenig tun, um unseren Geisteszustand zu verbessern.

Es ist jedoch eine gute Strategie, herauszufinden, welche ängstlichen Gedanken automatisch auftauchen, wenn man an soziale Situationen denkt.

Im nächsten Schritt sollten Sie versuchen, diese Gedanken zu hinterfragen. Untersuchen Sie, warum Sie so denken, und versuchen Sie zu verstehen, ob Ihre erste Reaktion wirklich widerspiegelt, wie Sie sich fühlen, oder einfach das Ergebnis eines automatischen negativen Denkens ist.

Die Änderung Ihrer Denkweise ist ein langwieriger Prozess, bei dem es keine schnellen Lösungen gibt, aber der Verstand ist eine mächtige Waffe, und wenn Sie an ihm arbeiten, werden Sie Lösungen finden.

Es ist gut, seine Ideen zu analysieren, aber versuchen Sie, nicht zu viel über diese Situationen nachzudenken.

Das Überdenken und Projizieren unserer Gedanken in die Zukunft schürt soziale Ängste und bringt keinen Nutzen. Das Risiko besteht vielmehr darin, eine entwertete und gefilterte Gegenwart zu leben, die einen unheiligen Kreislauf aus allgemeiner oder sozialer Angst und Negativität schafft: "Man weiß", dass etwas schief gehen und es "schrecklich" sein wird.

Diese Mentalität ist schädlich und schwer zu überwinden, aber es ist wichtig, dies zu tun, da sie sicherlich zumindest ein Teil der Ursache für unsere soziale Angst ist.

- TIPP Nr. 2: Aufmerksam sein

Achtsamkeit und Meditation ermöglichen es, präsent zu sein und die eigenen Gefühle und Gedanken auf eine nicht wertende und positive Weise wahrzunehmen.

In einer in der Zeitschrift Social Cognitive and Affective Neuroscience veröffentlichten Studie wird berichtet, dass Meditation die Gehirnaktivität beeinflusst.

Die Untersuchung umfasste vier 20-minütige Achtsamkeits-Workshops für Teilnehmer mit durchschnittlichen Angstzuständen. Die Analyse der Ergebnisse ergab, dass die Angstwerte um 39 % sanken.

Andere Forschungen haben ergeben, dass Meditation und Achtsamkeitstherapie Menschen helfen können, die unter sozialen Ängsten und Depressionen leiden. Nach Untersuchungen der Universität Amsterdam scheint das Achtsamkeitstraining eine kostengünstige, leicht zugängliche und wirksame Strategie zur Behandlung sozialer Angststörungen zu sein.

Den Patienten wird beigebracht, Meditationstechniken anzuwenden, um eine bessere Kontrolle über ihre Aufmerksamkeit und die Fähigkeit zu entwickeln, ihre Gefühle besser wahrzunehmen.

- TIPP Nr. 3: Gehen Sie in einen Coffee Shop

Nehmen Sie Ihr Tablet oder Ihren Laptop mit in ein Café, um einen Film online anzuschauen oder eine Folge Ihrer Lieblingssendung zu sehen. Tun Sie etwas, das Ihnen Spaß macht, in einer Umgebung, die Sie normalerweise nervös machen würde. Sie gehen an Ihre Grenzen und behalten gleichzeitig die Vertrautheit und den Komfort, sich auf etwas konzentrieren zu können, das Ihnen Spaß macht.

Diese Technik lässt sich auf unendlich viele verschiedene Fälle anwenden: Denken Sie an das Lernen in der Bibliothek. Das Wesentliche ist: Versuchen Sie, sich selbst herauszufordern, indem Sie etwas tun, das Ihnen Spaß macht und Sie entspannt, aber in einer Umgebung, die nicht zu Ihrer Komfortzone gehört.

Sie werden sehen, dass Sie sich bei der Tätigkeit, die Ihnen Spaß macht und bei der Sie sich engagieren, wohlfühlen werden, aber sobald Sie daran denken, dass Sie in einer sozialen Situation nicht nervös sind, werden Sie plötzlich nervös.

Das Problem entsteht, wenn wir an die Beurteilung durch andere denken, auch wenn es dafür keinen Grund gibt: Niemand beurteilt uns, sondern alles spielt sich in unserem Kopf ab, und wenn wir uns dessen bewusstwerden, können wir den ausgelösten selbstzerstörerischen Mechanismus beherrschen und sabotieren.

- TIPP Nr. 4: Erstellen Sie eine Hierarchie der Exposition

Ermitteln und bewerten Sie den Grad der Angst, den Sie in jedem sozialen Szenario empfinden. Ein Wert von 0 bedeutet zum Beispiel keine Angst, während ein Wert von 10 eine ausgewachsene Panikattacke anzeigt. Denken Sie daran, wie Sie auf jedes Ereignis reagieren würden, unabhängig davon, wie klein oder groß es ist.

Meistens ist es die Aussicht darauf, etwas zu tun, die uns mehr Angst macht als die tatsächliche Handlung. Vielleicht stellen Sie fest, dass das Gespräch mit einem Kollegen eine 4 statt einer 9 war: Das hilft, soziale Ängste zu erkennen und zu lindern.

- TIPP Nr. 5: Konzentrieren Sie sich nicht auf sich selbst

Wenn Sie sich in einer Situation befinden, in der Sie sich extrem unwohl fühlen, ist es schwierig, unseren mentalen Saboteur zu stoppen, der soziale Ängste schürt. Wir konzentrieren uns oft auf uns selbst und darauf, wie andere uns sehen werden, wobei wir uns in der Regel herabsetzen und nur an die negativen Aspekte von uns denken.

Die Vorstellung, dass jeder, der einen Raum betritt, einen anstarrt und in irgendeiner Weise beurteilt, macht einem Angst. Dieses Denken entspricht jedoch nicht der Realität. Hören Sie auf, sich um sich selbst zu sorgen und darum, was andere von Ihnen denken werden.

Konzentrieren Sie sich auf andere Menschen, bemühen Sie sich, präsent zu sein und versuchen Sie, echte Bindungen aufzubauen und zu stärken.

Angst ist immer selbstverschuldet: Auch wenn es Ihnen so vorkommt, als wehe eine riesige Fahne über Ihrem Kopf, wird uns in Wirklichkeit sehr oft - um auf das obige Beispiel zurückzukommen - niemand, und ich wiederhole, niemand, beim Betreten eines Raumes voller Menschen mit einem prüfenden Blick ansehen.

Und selbst wenn jemand unsere Nervosität bemerken sollte, wird er höchstwahrscheinlich so tun, als ob er sie nicht bemerken würde.

In einer kleinen Anwaltskanzlei, die ich kenne und in der drei Bewerber für dieselbe Stelle geprüft wurden, wurde der Bewerber mit den besten Bewertungen ausgewählt, der jedoch aus Versehen seinen Kaffee über sich verschüttete...

- TIPP Nr. 6: Ein gesunder Lebensstil hilft, Ängste abzubauen

Körper und Geist sind untrennbar miteinander verbunden, und die Art und Weise, wie Sie Ihren Körper behandeln, hat einen großen Einfluss auf den Rest Ihres Lebens, einschließlich Ihrer Angstzustände.Kleine Anpassungen des Lebensstils können Ihnen helfen, Selbstvertrauen zu gewinnen und Ihre Fähigkeit zu verbessern, mit verschiedenen Situationen umzugehen.

Sie könnten zum Beispiel Ihren Koffeinkonsum einschränken, indem Sie nach einer bestimmten Stunde auf Kaffee oder koffeinhaltige Getränke verzichten; Energydrinks können als Stimulanzien ebenfalls Angstsymptome verschlimmern.

Machen Sie körperliche Aktivität zu einer Priorität in Ihrem Tagesablauf und versuchen Sie, mindestens einmal am Tag aktiv zu sein, auch wenn es nur ein kurzer Spaziergang in der Mittagspause ist.

In einer Studie aus dem Jahr 2015 fanden Forscher heraus, dass junge Erwachsene, die mehr fermentierte Lebensmittel konsumieren und Sport treiben, weniger Angstsymptome haben.

Es ist auch wichtig, Alkohol in Maßen zu trinken, denn es mag den Anschein erwecken, dass Alkoholkonsum zur Entspannung beiträgt und Sie bei sozialen Kontakten entspannter macht. Die Wahrheit ist jedoch, dass alkoholische Substanzen das Risiko von Angstzuständen aller Art erhöhen.Anstelle von Alkohol sollten Sie viel Wasser trinken, um Ihren Flüssigkeitshaushalt aufrechtzuerhalten, und ausreichend schlafen; wenn Sie nicht genug Schlaf bekommen, sind Sie anfälliger für Angstzustände.

- TIPP Nr. 7: Atmen Sie durch

Angst verursacht viele Veränderungen in unserem Körper: Herzklopfen, Schwindelgefühl, erhöhte Herzfrequenz und Muskelverspannungen. Wenn Sie sich eine Minute Zeit nehmen, um innezuhalten und Ihre Atmung zu beruhigen, können Sie die Kontrolle über Ihren Körper wiedererlangen. Es gibt verschiedene Atemübungen, die zur Beruhigung Ihres Körpers beitragen können: Setzen Sie sich hin, entspannen Sie sich, atmen Sie so tief wie möglich ein und halten Sie die Luft vier Sekunden lang an.

Dann atmen Sie sanft aus, wobei Sie so viel Luft wie möglich ausstoßen. Atmen Sie noch einmal tief ein und füllen Sie Ihren Bauch mit Luft, und wiederholen Sie den Vorgang, bis sich Ihre Atmung wieder normalisiert hat.

- TIPP Nr. 8: Handeln Sie mit Vertrauen

Sie können lernen, selbstbewusst zu sein, so wie Sie gelernt haben, ein Auto zu fahren. Die Leute werden positiv reagieren, wenn Sie sich selbstbewusster verhalten.

Das bedeutet nicht, dass Sie immer der Klassenclown oder der Mittelpunkt der Aufmerksamkeit sein müssen. Es geht einfach darum, selbstbewusster zu werden.

Was zunächst erschreckend erscheinen mag, wird mit der Zeit immer akzeptabler und leichter zu bewältigen sein. Das geschieht nicht sofort, und es braucht Zeit, um soziales Selbstvertrauen zu entwickeln, so wie es auch Training und Geduld braucht, um eine andere Fähigkeit zu beherrschen.

Wenn Sie soziale Interaktionen vermeiden, werden Sie sich weiterhin ängstlich fühlen. Indem Sie die Vermeidung beseitigen, werden Sie in der Lage sein, Angst und soziale Ängste zu überwinden.

- TIPP Nr. 9: Finden Sie soziale Situationen und engagieren Sie sich

Bemühen Sie sich bewusst um den Umgang mit anderen: Suchen Sie sich ein soziales Umfeld, das Ihnen hilft, Ihre Ängste zu überwinden. Die Teilnahme an einem speziellen Kurs über die Kunst der Konversation könnte ein guter Anfang und ein gutes Training sein, um Ihre sozialen Interaktionen zu verbessern, bevor Sie sich in die reale Welt hinauswagen.

Versuchen Sie, sich ehrenamtlich für Themen zu engagieren, die Sie interessieren. So können Sie sich auf eine Tätigkeit konzentrieren, die Ihnen Spaß macht, Ihre Grenzen austesten, Menschen mit den gleichen Hobbys wie Sie kennenlernen und sich über Themen von gemeinsamem Interesse unterhalten. Diese Tätigkeit könnte zum Beispiel das Ausführen von Hunden in einem Tierheim oder die Unterstützung der Caritas für Obdachlose sein.

- TIPP Nr. 10: Sei nett zu dir selbst

Niemand ist perfekt, und wir alle haben in unserem Leben schon einmal ein Gefühl des Unbehagens und der Unbeholfenheit erlebt. Es ist nicht leicht, soziale Ängste zu überwinden: Es wird Zeiten geben, in denen Sie negativ denken und in alte, schädliche Muster zurückfallen.

Wenn Sie erschöpft oder niedergeschlagen sind, fühlen Sie sich vielleicht ängstlicher als sonst, aber das ist nicht unbedingt ein Zeichen für Versagen. Nehmen Sie sich einfach einen Moment Zeit, um sich auf die Gegenwart zu konzentrieren und die erlernten Techniken in die Praxis umzusetzen. Seien Sie freundlich und geduldig mit sich selbst, wenn die sozialen Ängste zurückkehren. Selbstmitgefühl ist auf dem Weg zur Befreiung unerlässlich.

- TIPP Nr. 11: Lassen Sie sich auf ein Gespräch ein

Wenn soziale Ängste und Schüchternheit überwunden sind, fühlt man sich in Gesprächen sicherer.

Mit jemandem zu sprechen kann schwierig sein, und zu wissen, was man sagen soll, kann noch komplizierter sein. Manchmal scheint ein peinliches Schweigen ein Leben lang zu dauern.

Es gibt einige Konversationstaktiken, die Sie für den Anfang nutzen können.

Lassen Sie die andere Person den größten Teil des Gesprächs führen: Lassen Sie die andere Person den größten Teil der Arbeit machen, indem Sie offene Fragen stellen, die komplexere und artikuliertere Antworten als ein trockenes Ja oder Nein erfordern.

Um das Gespräch auf die nächste Ebene zu heben, stellen Sie offene persönliche Fragen, wobei Sie immer versuchen, den Kontext zu verstehen und diskret zu sein.

So können Sie die Person besser kennen lernen. Wenn Sie sich sicherer und wohler fühlen, können Sie auch einige persönliche Informationen preisgeben. Das wird die andere Person dazu ermutigen, mehr zu fragen und so den Gesprächsfluss zu fördern.

- TIPP Nr. 12: Stellen Sie sich Ihren Ängsten

Wenn Sie sich nicht den Situationen aussetzen, die Sie ängstlich machen, werden Sie nie in der Lage sein, soziale Ängste zu überwinden.

Sie werden sich selbst nicht helfen oder Ihren persönlichen Fortschritt unterstützen, wenn Sie Vermeidung als Bewältigungsstrategie einsetzen.

Exposition oder direkte Konfrontation sind hilfreich bei der Behandlung von Angststörungen, einschließlich sozialer Ängste, Zwangsstörungen und posttraumatischer Belastungsstörung.

Die Forschung legt jedoch nahe, dass die Exposition mit angemessener Vorsicht und schrittweise erfolgen sollte. Beginnen Sie also mit einer Aufgabe oder Tätigkeit, die nur leichte Ängste auslöst, und gehen Sie von dort aus weiter.

Wenn Sie mit extrem beängstigenden sozialen Situationen konfrontiert werden, müssen Sie lernen, Ihre Ängste in den Griff zu bekommen. Wir sind soziale Wesen, und es ist wichtig, dass Sie Ihre Komfortzone verlassen, wenn Sie eine positive Erfahrung machen wollen.

Jede Herausforderung, der Sie sich stellen und die Sie meistern, wird Ihr Selbstvertrauen stärken.

Nach Angaben der Anxiety and Depression Association of America hat ein Drittel der Menschen mit sozialen Ängsten 10 Jahre oder länger gewartet, bis sie sich an einen Spezialisten gewandt haben.

Soziale Angststörungen können sich auf viele Bereiche des Lebens auswirken: von der Familie über die Schule und den Beruf bis hin zu intimen Beziehungen.

Die Überwindung sozialer Ängste ist ein langwieriger Prozess, und es braucht Zeit, bis sich neue neuronale Bahnen für soziale Interaktionen gebildet und etabliert haben.

Beeinträchtigen Ihre sozialen Ängste Ihre regelmäßigen Aktivitäten?

Dann scheuen Sie sich nicht, professionelle Hilfe in Anspruch zu nehmen, so wie Sie sich am wohlsten fühlen.

Die Ratschläge, die ich Ihnen gegeben habe, sind meiner Meinung nach alle nützlich, um soziale Ängste zu überwinden, aber ich verstehe, dass sie jemandem, der noch in das Problem verstrickt ist, trivial erscheinen mögen.

Glauben Sie mir, versuchen Sie, aus Ihrer Komfortzone herauszutreten, auch wenn es nur ein kleiner Schritt ist, beißen Sie nicht mehr ab, als Sie kauen können, und Sie werden sehen, dass der Weg, auch wenn er mühsam ist, Sie zum Erfolg führen wird.

In jedem Fall möchte ich Sie daran erinnern, dass es nicht schaden kann, einen Fachmann um Hilfe zu bitten, wenn Sie alleine nicht weiterkommen: jemanden, der Ihnen auf Ihrem Weg zur Seite steht, der Ihnen zuhört und Sie voll und ganz versteht.

KAPITEL 12
INTERNET-GESPRÄCHE

"Internet wird zum Hauptplatz im globalen Dorf von morgen". - Bill Gates.

Wir leben in einem digitalen Zeitalter, in dem das Internet für Wissen, Kommunikation und soziale Interaktion genutzt wird.

Das Internet ist sicherlich eine der wichtigsten technologischen Entwicklungen des 21. Jahrhunderts mit 4,66 Milliarden Nutzern weltweit.

Die Online-Kommunikationstechnologien ermöglichen es heute, dass Menschen auf beiden Seiten des Globus schnell und unabhängig von der Entfernung miteinander kommunizieren können.

Was ist Internetkommunikation?

Das Internet ist ein globales Netz von Computern und Geräten, das Menschen auf der ganzen Welt miteinander verbindet. Es handelt sich um eine Reihe miteinander verbundener Netze, die Daten über das Internetprotokoll (TCP/IP) übertragen.

Das Internet hat die Art und Weise, wie wir kommunizieren, revolutioniert!

Im Gegensatz zu früher können die Menschen heute mit ihrer Familie, ihren Freunden oder Verwandten überall auf der Welt in einem Augenblick und mit einem Klick in Verbindung treten.

Von Instant Messaging bis hin zu Video- oder Sprachanrufen bietet das Internet verschiedene Möglichkeiten zur Interaktion.

Durch die Nutzung dieser Kommunikationskanäle können Sie eine Menge Geld und Zeit sparen. Einige davon, wie E-Mail und soziale Netzwerke, sind kostenlos, während andere, wie VoIP-Telefonanlagen, verschiedene Vorteile zu vernünftigen Preisen bieten.

Das World Wide Web (WWW) hat Entfernungen beseitigt und die Welt zu einem kleineren Ort gemacht.

Viele Türen haben sich geöffnet:

Mit der Internet-Kommunikation können Sie mit einem einzigen Klick mit Ihren Kunden sprechen, ihnen eine E-Mail schicken oder einen Videochat mit jemandem auf der anderen Seite der Welt führen. Für die Unternehmen bedeutet dies eine bessere organische Sichtbarkeit in mehreren Kanälen.

Kommunikation ist ein Grundbedürfnis im Leben eines jeden Menschen.

Vor dem Aufkommen der elektronischen Medien gab es nur zwei Arten der Kommunikation: nonverbale und verbale. Dank des Internets wurde ein dritter Kommunikationszweig geschaffen, der Online-Zweig.

UNTERSCHIEDE ZWISCHEN ONLINE-KOMMUNIKATION UND GESPRÄCHEN VON ANGESICHT ZU ANGESICHT

Der Mensch ist von Natur aus sozial und leidenschaftlich. Sie müssen Kontakte knüpfen und kommunizieren, genauso wie sie Essen und Trinken brauchen. Sowohl Online- als auch Face-to-Face-Methoden sind Gesprächskanäle:

Face-to-Face-Kommunikation verbessert die Lebensqualität eines Menschen, aber die Internetkommunikation eröffnet neue Möglichkeiten der Interaktion mit anderen.

Online-Kommunikation vs. persönliche Kommunikation.

Der Hauptunterschied zwischen Face-to-Face- und Online-Kommunikation besteht darin, dass man bei der Face-to-Face-Kommunikation die Anwesenheit des anderen spüren und wahrnehmen kann, bei der Online-Kommunikation hingegen nicht.

Die Kommunikation unter vier Augen ist ein typisches Gesprächsmuster aus der Zeit vor dem Internet, sie ist der Kern und das Zentrum der menschlichen Entwicklung. Heutzutage gewinnt die Online-Kommunikation jedoch immer mehr an Bedeutung.

Trotz der größeren Effizienz der Online-Kommunikation gibt es Merkmale, die nur im persönlichen Gespräch vorhanden und beobachtbar sind. Menschen können ihre Gefühle und Ideologien besser vermitteln, wenn sie in direkten Blickkontakt treten.

Durch die Kommunikation über das Internet werden Informationen jedoch schneller weitergegeben, was zweifellos Zeit und Geld spart, und es gibt keine große Kluft mehr zwischen sozialen, kulturellen und sprachlichen Grenzen, sodass sich die Menschen leichter unterhalten können.

Wir müssen beharrlich bleiben und lernen, ein gutes Gleichgewicht zwischen diesen beiden Möglichkeiten zu finden: der virtuellen und der realen Welt.

Dieses Kapitel mag Ihnen trivial erscheinen, dessen bin ich mir bewusst.

Aber abgesehen von all den aufgeführten Daten und den Informationen, über die ich Ihnen berichtet habe, wollte ich die folgende Botschaft zum Ausdruck bringen: Wir dürfen nicht vergessen, dass wir soziale Tiere sind, wir leben für unsere Gefühle, um Beziehungen aufzubauen.

Außerdem sollten wir nicht vergessen, dass wir nur persönlich alle Informationen aus dem dritten Kommunikationskanal, dem nonverbalen, aufnehmen können.

Ich sage natürlich nicht, dass man technologische Vorteile nicht ausnutzen soll, sondern nur, dass man sie nicht missbrauchen soll.

Dieser Diskurs ist in einem historischen Moment wie dem, den wir gerade erleben, besonders wichtig. Die Covid-19-Ära hat alles verändert.

Von nun an wird unser Leben zunehmend im Internet verwurzelt sein, und es besteht die Gefahr, dass alle unsere sozialen Interaktionen im Web 3.0 stattfinden (man denke an das Metaverse).

Mein Rat ist folgender: Suchen Sie den richtigen Kompromiss zwischen den beiden Kommunikationskanälen, aber immer mit Blick auf das Live-Gespräch.

KAPITEL 13

DER HEILIGE GRAL: DIE GOLDENEN REGELN FÜR DAS PERFEKTE GESPRÄCH

Wählen Sie alle Gespräche aus, die Sie besonders spannend fanden und an die Sie sich noch heute erinnern. Was haben sie alle gemeinsam?

Ich habe mich über interkulturelle Kommunikation und Psychologie informiert und jeden Artikel gelesen, den ich über die Entwicklung von Kommunikationsfähigkeiten finden konnte. So habe ich eine Liste der 12 besten (einfachen, aber äußerst wirksamen) Kommunikationsrichtlinien zusammengestellt. Fangen wir an!

1. Mehr zuhören, weniger reden

"Die meisten Menschen hören nicht zu, um zu verstehen; sie hören mit der Absicht zu, zu antworten", sagte Stephen R. Covey, Autor von The Seven Habits of Highly Effective People. Und das tun wir die ganze Zeit: Wir hören Menschen mit der einzigen Absicht zu, eine kohärente Antwort zu geben. Wir verbringen mehr Zeit damit, über unsere eigenen Antworten nachzudenken, als zuzuhören, was andere zu sagen haben. Das hat zur Folge, dass wir nur einen Teil dessen wahrnehmen, was gesagt wird, und dass uns potenziell nützliche Informationen entgehen. Hören Sie zunächst aufmerksam zu, und überlegen Sie sich dann, was Sie Ihrem Gesprächspartner antworten wollen, wenn dieser fertig ist.

2. Vollständig präsent sein

Wie oft haben Sie schon so getan, als würden Sie zuhören, während Sie eigentlich über Ihre Einkaufsliste nachgedacht haben? Und wie ärgerlich ist es, wenn Sie feststellen, dass die andere Person dies tut, während Sie auf der anderen Seite der Medaille stehen? Sehr. Da wir es aber mögen, wenn andere scheinbar auf das hören, was wir sagen, warum tun wir es nicht selbst? Weil es Konzentration erfordert und es leichter ist, sich ablenken zu lassen. Präsent zu sein bedeutet, sich ausschließlich auf das aktuelle Gespräch zu konzentrieren.

3. Mit Menschen reden, nicht über Menschen

"Ich habe diesen Mann geliebt, der seine Gedanken und Ideen geäußert hat, ohne mir zuzuhören und ohne meine Meinung zu berücksichtigen", ich könnte wetten, dass niemand von Ihnen jemals einen solchen Satz gehört hat. Es ist gut, zu reden, und es ist noch besser, seine Meinung mitzuteilen. Es gibt jedoch einen schmalen Grat zwischen Durchsetzungsvermögen und arrogantem oder herrischem Auftreten. Bringen Sie Ihre Gedanken und Meinungen zum Ausdruck, aber achten Sie darauf, was andere zu sagen haben. Gehen Sie unvoreingenommen in ein Gespräch, voller Lernbereitschaft und Offenheit für neue Ideen. Schließlich beruht ein Gespräch auf Interaktion, und die kann nur in beide Richtungen erfolgen. Andernfalls sollten Sie es nicht als Gespräch bezeichnen.

4. Seien Sie konsequent, aber wiederholen Sie sich nicht zu oft

Es ist wichtig, mit seinen Gedanken konsistent und beständig zu sein, und das Paraphrasieren (das Gleiche auf unterschiedliche Weise sagen) ist ein guter Ansatz, um sicherzustellen, dass das eigene Argument verstanden wird. Man läuft jedoch Gefahr, egozentrisch und wiederholend zu werden, was dazu führt, dass die Leute gelangweilt sind und so schnell wie möglich aus dem Gespräch aussteigen wollen. Und das wollen Sie nicht. Sie wollen ein angenehmes Gespräch mit anderen führen und Ihre Gedanken auf kohärente Weise darlegen, indem Sie versuchen, dem anderen alle Hinweise zu geben und schließlich seinen Standpunkt zu teilen.

5. Die eigene Stimme klug einsetzen

Manchmal ist das Wichtigste nicht, was Sie sagen, sondern wie Sie es sagen. Je klarer und einprägsamer, je musikalischer und rhythmischer Ihre Stimme ist, desto mehr Aufmerksamkeit werden Sie auf Ihre Worte lenken. Julian Treasure geht in seinem TED Talk "How to speak so that people want to listen" kurz auf Register, Timbre, Prosodie,

Geschwindigkeit, Ton und Lautstärke ein. Hier sind einige wesentliche Erkenntnisse:

- Macht und Autorität werden durch niedrigere, tiefere Töne vermittelt.
- Wir bevorzugen satte, warme und weiche Stimmen.
- Monotone Stimmen sind nicht leicht zu hören.
- Rhythmus, Intonation und Betonung der Stimme sind wichtig.
- Wir können auch die Lautstärke reduzieren und das Tempo verlangsamen, um die Betonung zu verstärken.
- Schweigen ist unbezahlbar und kann sehr wirksam sein. Viel besser als das berühmte "ähem, ähem".

Nutzen Sie diese Instrumente und Techniken, um das Interesse der Menschen an Ihren Inhalten zu wecken.

6. Einfühlungsvermögen

Einfühlungsvermögen ist eine wunderbare Fähigkeit, und wir alle möchten uns auf der gleichen Wellenlänge wie andere fühlen. Wenn man jedoch mit Ihnen über ein Problem spricht, ist ein "Ich auch" nicht immer die richtige Antwort. Wenn Sie zum Beispiel hören, wie schlecht es Ihrem Freund bei der Arbeit geht, brauchen Sie ihm nicht zu sagen, dass Sie auch einen schlechten Tag haben, wenn Sie selbst einen tollen Tag haben. Oft wollen Menschen einfach nur gehört, verstanden und verstanden werden:

Versuchen Sie, sich auf die Gefühle zu konzentrieren, die sie mit Ihnen teilen wollen.

7. Transparent sein

Die meisten, wenn nicht alle denkwürdigen Gespräche, die Sie geführt haben, haben wahrscheinlich eines gemeinsam: Sie haben sich mit der anderen Person verbunden. Auch wenn Sie scheinbar nicht viel gemeinsam haben, können Sie immer eine emotionale Verbindung zu Ihrem Gesprächspartner herstellen. Wie? Indem Sie ehrlich sind. Seien Sie offen, lügen Sie nicht und tun Sie nicht so, als würden Sie Ihr Verhalten an die Art der Person vor Ihnen anpassen. Es ist wahrscheinlicher, dass die Menschen eine Verbindung zu Ihnen aufbauen, wenn Sie von Anfang an alle Karten auf den Tisch legen und ehrlich sind.

8. Nicht mit Gewalt

Haben Sie schon einmal ein Gespräch miterlebt, in dem eine der beiden Parteien eine Frage gestellt hat, die scheinbar bedeutungslos war oder keinen Bezug zur vorherigen Antwort hatte? Dieses Verhalten schmälert die Attraktivität des anderen. Es tritt auf, wenn wir so sehr mit unseren Antworten beschäftigt sind, dass wir nicht zuhören und den Gesprächsfluss aufrechterhalten können. Wenn Sie also eine besonders kluge Frage oder eine lustige Bemerkung haben, die nicht in das laufende Gespräch passt, vermeiden Sie es am besten, darauf einzugehen.

10. Digressive Parsimonie

Streichen Sie alle Informationen, die nicht notwendig sind, und lassen Sie Details weg, es sei denn, Sie sind der Meinung, dass sie für den Zweck des Gesprächs notwendig sind.

Ausführliche Erklärungen können anstrengend sein; versuchen Sie, die Ihnen zur Verfügung stehende Zeit zu nutzen, bevor Ihr Gesprächspartner das Interesse verliert, und kommen Sie direkt auf den Punkt, vor allem in Gruppen. Verstehen Sie mich nicht falsch: Abschweifungen können manchmal faszinierend sein, aber gehen Sie sparsam damit um, vor allem, wenn Sie nicht über eine ausgezeichnete ars oratoria verfügen.

11. Verwendung der aktiven Stimme

Der Passivsatz ist eine grammatikalische Struktur, bei der das Objekt die Rolle des Subjekts übernimmt (Passivsubjekt genannt).

Zum Beispiel:

Passiv: Es wurde ein Fehler gemacht.

Aktiv: Wir haben einen Fehler gemacht.

Wird es jedoch in der Sprache verwendet, so klingt es eher schwach und ausweichend. Im Gegensatz dazu kann die Verwendung der aktiven Version der gleichen Nachricht durchsetzungsfähiger, direkter und klarer klingen.

12. Kommunikation leicht gemacht

Einfachheit scheint immer ein goldener Leitfaden zu sein. Selbst wenn Sie schwierige Ideen präsentieren, sollten Sie den Fachjargon so einfach wie möglich halten, es sei denn, es handelt sich um einen regelmäßig verwendeten Fachbegriff, den jeder im Raum versteht. Vermeiden Sie hochtrabende, höfische Begriffe, die nur wenige Menschen im Gespräch verstehen.

13. Klar sein

Klarheit ist der Schlüssel. Versuchen Sie zunächst zu verstehen, was Sie sagen wollen, und bemühen Sie sich dann, es so klar wie möglich zu erklären; Ihre Gesprächspartner werden sich wohler fühlen und das Gespräch wird reibungsloser verlaufen, wenn sie Ihre Sichtweise leicht verstehen können.

KAPITEL 14

SICH ZIELE SETZEN, UM DIE EIGENEN SOZIALEN FÄHIGKEITEN ZU VERBESSERN

Zielsetzung, d. h. die Organisation der eigenen Ziele in einem bestimmten Zeitrahmen, ist ein persönliches Thema, sodass ich nur Leitlinien für die Entwicklung sozialer Kompetenzen geben kann.

Bestimmen Sie Ihre allgemeinen "Ziele".

Alle, die ihre soziale Situation verbessern wollen, haben eine Reihe von Zielen vor Augen. Vielleicht haben sie diese aber nicht ausreichend analysiert oder entwickelt.

Ihre umfassenderen sozialen Ziele sind Ihnen wahrscheinlich bereits bekannt. Vielleicht möchten Sie mehr Freunde finden, weniger schüchtern sein, bessere Gespräche führen oder sich sicherer fühlen.

Es ist auch in Ordnung, wenn Ihre Ziele nicht definiert sind: Manche Menschen können ihre Probleme nur verstehen, wenn sie denken: "Ich bin so unbeholfen. Ich weiß nicht, was ich tun soll...".

Der nächste Schritt besteht darin, einige Zwischenziele festzulegen und zu ermitteln, welche Hindernisse Sie davon abhalten, Ihr Hauptziel zu erreichen. Dies mag eine einfache Übung sein, aber oft ist man sich nicht sicher, in welchen Bereichen man sich verbessern kann.

Vergegenwärtigen Sie sich, wie Sie sich bemühen, Ihr übergeordnetes Ziel zu erreichen, und analysieren Sie die Momente, in denen Sie glauben, konkrete Schritte zur Erreichung dieses Ziels unternommen zu haben. Wo stoßen Sie auf eine Mauer? Wo erleben Sie Angst oder negative, selbstkritische Gedanken? Wo sind Sie unzufrieden und entmutigt? Wenn Sie zum Beispiel darüber nachdenken, wie Sie mehr Freunde finden wollen, könnte eine Liste von Teilzielen für das Schließen von Freundschaften wie folgt aussehen:

Ich muss mehr ausgehen und neue Leute treffen".

"Ich muss mehr Selbstvertrauen gewinnen, um mit Fremden ins Gespräch zu kommen".

"Wenn ich mit jemandem zusammenkomme, muss ich mehr Initiative ergreifen und proaktiver sein".

"Ich muss anfangen, an mich selbst zu glauben und an das, was ich in einer Freundschaft geben kann".

Diese mittelgroßen Ziele können noch weiter unterteilt werden. Die Aussage "Ich muss öfter aus dem Haus gehen und neue Leute kennenlernen" lässt sich beispielsweise in weitere Aufgaben unterteilen: herausfinden, welche Veranstaltungen man besuchen kann, wie man sie in seinen Tagesablauf einbaut, wie man Gespräche beginnt und Leute einlädt und so weiter.

Machen Sie sich keine Sorgen, wenn das, was Sie sich ausgedacht haben, kein vollständiger "Aktionsplan" ist. Lücken werden gefüllt, wenn man sie so nennen kann, wenn Sie die Unterziele der zweiten und dritten Ebene erkunden und erfüllen.

Ziele in der Praxis setzen

Ich glaube, dass jeder von einer Zielsetzungsstrategie profitieren kann, aber wie sieht der Aktionsplan und die Denkweise aus, die man verfolgen sollte, wenn man sie einmal festgelegt hat?

Manche Menschen gehen es entspannter an: Sie haben eine allgemeine Vorstellung davon, worauf sie sich konzentrieren wollen, planen aber nach und nach und üben, wenn sich die richtigen Gelegenheiten bieten. Nicht jeder fühlt sich gezwungen, sich zu verändern. Und während mancher Menschen glauben, dass definierte Ziele ihnen helfen, konzentriert und motiviert zu bleiben, finden andere sie entmutigend oder überfordernd.

Eine Technik zur Festlegung geeigneter praktischer Ziele besteht darin, sicherzustellen, dass das Hauptziel mittelfristig erreicht werden kann, ich empfehle einen Zeitraum von zwei bis sechs Monaten.

Sie wollen nicht, dass Ihr Hauptziel innerhalb eines Wochenendes erreicht werden kann; dieser Zeitrahmen eignet sich eher für ein kurzfristig zu erreichendes Teilziel. Auf der anderen Seite sollten Sie sich kein Ziel setzen, dessen Verwirklichung mehrere Jahre dauert. Wenn Sie sich zum Beispiel isoliert und einsam fühlen, sollten Sie sich nicht das Ziel setzen "Ich möchte viele wunderbare Freunde fürs Leben haben". Je nach Ausgangslage könnte ein erreichbareres mittelfristiges Ziel darin bestehen, sich halbwegs regelmäßig mit einer Handvoll Menschen zu treffen.

Setzen Sie sich ein Ziel, das herausfordernd, aber möglich ist

Um Ihr Ziel zu erreichen, sollten Sie gezwungen sein, aus Ihrer Komfortzone herauszutreten. Wenn Sie sich ein zu einfaches Ziel setzen, besteht die Gefahr, dass Sie Ihren Weg verlangsamen, ihn immer wieder verschieben und die Anstrengung, ihn zu erreichen, für nicht lohnend halten.

Wenn Sie sich dagegen ein zu ehrgeiziges Ziel setzen, werden Sie wahrscheinlich genervt sein und frühzeitig aufgeben.

Konzentrieren Sie sich nicht auf zu viele Dinge auf einmal

Versuchen Sie nicht, alle Ihre sozialen Probleme auf einmal zu lösen. Auch wenn Sie vielleicht das Gefühl haben, dass Sie Ihr Leben dringend in Ordnung bringen müssen, brauchen diese Dinge Zeit und dürfen nicht überstürzt werden.

Wenn Sie sich zu viele Dinge vornehmen, können Sie sich selbst überfordern und in Stress geraten. Um einige anspruchsvolle Ziele zu erreichen, brauchen Sie auch ein gewisses Maß an Mut und Willenskraft.

Machen Sie Ihr Ziel konkret und quantifizierbar.

Mit anderen Worten: Sie sollten versuchen, das Ziel sowie alle relevanten Teilaufgaben zu operationalisieren.

Das ist wichtig, denn so können Sie den Fortschritt messen. Hier sind einige Beispiele:

- Hauptziele und damit verbundene mittelfristige Ziele

Finden neue Freunde - Finde zwei neue Freunde und verbringe mindestens einmal alle zwei Wochen Zeit mit ihnen.

Überwinden Sie die Angst vor großen Veranstaltungen - Sie sollten in der Lage sein, innerhalb von 3 Monaten an einer Hausparty teilzunehmen und dort mindestens zwei Stunden zu bleiben.

Sich in sozialen Situationen wohler fühlen - Erstellen Sie eine Skala von 1 bis 10, die das Unbehagen und die Angst in sozialen Umgebungen erfasst.

Notieren Sie, wie Sie sich in bestimmten Situationen in den nächsten drei Monaten fühlen, und versuchen Sie, die durchschnittliche Bewertung von einer 8 auf eine 4 zu senken.

Verbessert die Gesprächsfähigkeit - man ist in der Lage, ein halbstündiges Gespräch mit jemandem zu führen, mit dem man noch nie zuvor gesprochen hat.

- Hauptziele und zugehörige Unterziele

Schließen Sie neue Freundschaften - Gehen Sie jede Woche zu einer Veranstaltung, bei der Sie neue Leute kennen lernen können.

Bewältigung der Angst vor großen Ereignissen - Üben Sie jeden Tag 15 Minuten lang Entspannungstechniken.

Sich unter Menschen weniger unbehaglich fühlen - Untersuchen Sie die Gedanken, die Ihnen während und nach bestimmten sozialen Interaktionen durch den Kopf gehen. Gehen Sie die ungünstigen Gedanken an.

Verbessern Sie Ihre Gesprächsfähigkeiten - Beginnen Sie jeden Tag ein kurzes Gespräch mit drei verschiedenen Personen.

Sie sehen, dass es schwieriger ist, soziale Ziele objektiv und quantifizierbar zu machen als beispielsweise sportliche Ziele, bei denen man sagen könnte: "Innerhalb von sechs Monaten möchte ich meine Rennzeit von 48 auf 41 Minuten verbessern".

Der Grund dafür ist, dass soziale Kompetenzen subjektiv sind. Selbst bei den am besten quantifizierbaren Aspekten sagen Zahlen nicht alles aus. Drei neue Freunde zu haben ist nicht unbedingt besser als zwei, wenn die Beziehungen nicht so lohnend sind.

Ich habe vorhin gesagt, dass eines der Ziele sein könnte, mit jemandem eine halbe Stunde lang zu chatten. Sie sollten nicht denken, dass Sie gescheitert sind, wenn Sie sich achtundzwanzig Minuten lang unterhalten haben. Finden Sie einfach ein messbares Ziel, das Ihnen eine allgemeine Vorstellung davon vermittelt, wo Sie hinwollen.

Außerdem verändert sich die soziale Welt ständig, und zu jeder Zeit gibt es verschiedene Faktoren, die sich einmischen und Ihre Ziele entweder behindern oder begünstigen können. Jemand, der eine Sportart wie das Bogenschießen betreibt, kann seine Ziele auf sehr organisierte und geregelte Weise erreichen.

Er kann sich dafür entscheiden, jede Woche eine bestimmte Anzahl von Stunden zu trainieren, weil er weiß, dass seine Ausrüstung immer verfügbar sein wird.

In unserer Situation haben Sie weniger Kontrolle; das kann es schwierig machen, sich auf bestimmte Ziele zu konzentrieren, wann und wie Sie es wollen. Daher werden Sie oft gezwungen sein, flexibel zu sein und Ihre Ziele kurzfristig zu ändern.

Sie werden wahrscheinlich einige Kurskorrekturen vornehmen müssen, sobald Sie begonnen haben, aktiv an Ihrem Weg zu arbeiten. Vielleicht müssen Sie den Schwierigkeitsgrad ändern oder Sie werden auf halbem Weg feststellen, dass das Ziel, das Sie sich gesetzt haben, in Wirklichkeit nicht zufriedenstellend ist.

SCHLUSSFOLGERUNG

Eine effektive Kommunikation erfordert gute soziale Fähigkeiten. Wenn es Ihnen schwerfällt, mit anderen in Kontakt zu treten, sollten Sie meine Vorschläge regelmäßig umsetzen und in die Praxis einführen.

Versuchen Sie, Ihr Bestes zu geben, und lassen Sie sich vor allem nicht unterkriegen, wenn Sie nicht

Sie haben es geschafft, die Ziellinie zu überqueren, die Sie sich gesetzt haben.

Das Leben ist manchmal hart und manche Dinge liegen nicht in unserer Hand und

wie wir uns verhalten; das Wichtigste ist, dass wir lernen, die

Schläge und ziehen weiter.

Seien Sie beständig, konsequent, gut zu sich selbst, und Sie werden sehen, dass Sie besser werden, als Sie es sich je hätten vorstellen können, um alle Arten von Gesprächen zu führen, davon bin ich überzeugt.

www.ingramcontent.com/pod-product-compliance
Lightning Source LLC
Chambersburg PA
CBHW062323290526
45794CB00005B/1875